A la recherche de Milan Kundera

寻找米兰·昆德拉

Ariane Chemin

上海译文出版社

[法]阿丽亚娜·舍曼 著　王东亮 译

目录

艺术家应该尽量设法让后人相信他不曾活在世上。①

福楼拜

① 引自刘方选译《福楼拜文学书简》，“致路易丝·科莱，1852年3月27日”。

第一章

隐身

突然之间，巴黎仿佛成了昔日东欧阵营中某个国家荒凉的首都，人们神色黯淡，在面包店前默默无声排队等待，之后又跑着离开，赶在宵禁之前躲回家中。街上的人都戴着口罩低头赶路，一个个行色匆匆，没有人注意到从红十字交叉路口到拉斯帕耶大街之间这个身形纤细的棕发小妇人，她目光炯炯有神，留着男孩式的短发，步履坚定有力。

我认识她。她就是薇拉。我经常看到她与米兰·昆德拉修长的身躯如影相随，他们已经做了五十多年夫妻。两个人的身影，以及他们那跨越世纪、跨越国境的多舛命运，都令人感慨万千。这对灵魂伴侣命运交织，仿佛注定生死相依。我和他们迎面相遇，却不敢走近。

对于读者而言，《玩笑》的作者昆德拉和塞缪尔·贝克特一样，变成了一个幽灵作家，几十年前，人们与住在不远处的贝克特也是这样擦肩而过[①]。（忧郁的）性、（酸楚的）笑、卡列宁的"微笑"，泳池边阿涅丝的手势……他笔下的人物让人着迷牵念，久久不能忘怀。其创作风格属于贝拉·巴托克[②]所称道的"简明独到"，而他的知己好友、作家伯努瓦·迪特尔特[③]则这样概括："世情洞穿，睿智非凡。"

由于三十七年以来拒绝在任何电视节目中露面，小说家昆德拉成功做到了在现实中隐身。物以稀为贵，屡见则不鲜。以书籍存在于世，藏迹于作品之中，在讲述诸多故事之后成为一个不发声的叙述者：九十二岁的昆德拉实现了自愿消失。他是世界上读者最多的作家之一。他十六部作品的五十来种译本陈列在寓所的

---

① 贝克特同时代的人几乎不知道他就生活在巴黎市中心，甚至有人以为他早已故去。

② Béla Bartók（1881—1945），匈牙利作曲家、钢琴家、民间音乐学家。

③ Benoît Duteurtre（1960— ），法国作家、音乐评论家，著有《天堂的电脑》等。

门厅，仿佛通向巴别塔的旋转通道。在随笔《小说的艺术》里，他还变身为作家的作家。他曾与其他名家对话：加西亚·马尔克斯、萨尔曼·拉什迪、菲利普·罗斯、列昂纳多·夏侠[①]，也曾与电影大师费德里科·费里尼等诸多知名艺术家有过交集。

据说，昆德拉的英国画家朋友弗朗西斯·培根的一幅小画挂在他寓所的一面墙上。昆德拉一九七七年在一篇旧文中写道："画家的目光停留在那张脸上，宛如一只突兀而粗暴的手（……）我们每个人都有这种突兀暴烈的手势，以手的动作去破坏别人的目光，试图在别人身上或背后找到隐藏在那里的什么。"[②]培根认为这个捷克作家很了不起：此前不曾有人如此透彻地把握他的作品。后来，这个无名作者的每部作品都变成了图腾，摘自其作品的文字被歪曲成名言警句，在社交媒体上用来表达欲望、死亡或者快乐。在成为文学明信片语录作家之前，昆德拉完美组织了自我的隐身。

---

① Leonardo Sciascia（1921—1989），意大利作家，著有《各得其所》等。

② 出自米兰·昆德拉随笔集《相遇》。文中所有昆德拉作品引文，均沿用上海译文版译本，不再另行说明。

隐身的诱惑产生于一九八四年，《不能承受的生命之轻》取得成功之后。这一年，他接受了贝尔纳·皮沃的邀请，来到《顿呼》（*Apostrophe*）演播室，然而，正如照片中所示，他已然把双手放在脸上，以此与镜头保持距离，和菲利普·罗斯一模一样。这年一月的一个星期五晚上，我在电视上看到了他蓝色的眼睛，听到他倦慵的言谈。较之于这个时代的喧嚣热闹和光影交织，昆德拉的克制内敛、略显刻板的举止、羞怯感以及沉默寡言，在我看来令人心静神安。我喜欢他将隐私敬奉为至高价值这一理念。他对爱情的反思也出色地践行了这一理念。

节目之后，媒体争相采访他。“我谈论自己太多了。”在《巴黎评论》的采访中，他满怀焦虑对自己的朋友、评论家克里斯蒂安·萨尔蒙[①]说道。一切为了文学并通过文学：从这时开始，昆德拉将自己禁锢在沉默之中。“一九八五年六月，我坚定地下了决

---

① Christian Salmon（1951—　），法国作家、小说理论家，曾任昆德拉的助理（1982—1988）。

1984年，米兰·昆德拉在《顿呼》演播室

心：不再接受任何采访。除非（……）涉及版权，从今以后，所有关于我采访的言论都可以被视为伪造。”在巴黎寓所的对讲机上，他借用小说家朋友或冰岛语译者的名字，让人看不出他住在哪一间公寓。如果想让他太太或他本人拿起对讲机，必须遵守密码约定。一声，两声……简直是地下工作者。

昆德拉是个漫游式作家。他写作时可以站着、坐着，可以在花园也可以在书房，可以在自己家也可以在别人家，以一杯白朗姆酒或是一杯培林科瓦克苦艾酒相伴，这是萨格勒布的特产。他唯一的小任性是海岛。据我所知，这对夫妇曾经想去冰岛隐居，过更加隐姓埋名的生活，可现在他们觉得那里游客太多了。他们也曾经希望与科西嘉岛融为一体，当时两人在一个隐匿在栗树林里的地方民族主义村庄里小住，在桑皮耶罗路边酒吧夜宴狂欢、吟诵宏伟诗篇的时光实在让他们乐而忘返。在昆德拉夫妇这里，音乐、艺术和诗歌永远占有一席之地。在玛吉酒店，酒店老板娘向我透露：“他们预定十号房间，最幽静避人的那一间，可以直通海滩。他们住了好几个星期，我甚至觉得他在这里完成了一本书。此后，大家就管这间客房叫‘昆德拉套房’。”

他们还迷恋南斯拉夫的洛希尼岛，迷恋他们的画家朋友欧内斯特·布雷勒①在马提尼克岛的画室，后者以画无面孔肖像闻名于世。在他没有国籍没有护照的时候，这些岛屿曾经是他们钟情的悠游之处。最终，昆德拉夫妇成为了巴黎人。如今，他们住在一条巷子的尽头，当春天如期而至的时候，那里的小花园弥漫着氤氲葱郁的海岛气息。

见诸媒体的为数不多的肖像照片往往出自他太太之手。有一次，《世界报》错刊了一幅照片，昆德拉要求其发表“勘误”。只有薇拉有权将他囚禁在镜头中。作家多米尼克·费尔南德斯②回忆说：“在我当选为法兰西学院院士的仪式上，我曾想和他拍一张合影，他却愤然离去，再也没有回来。”当“反建制”的寡头、捷克

① Ernest Breleur（1945— ），法国画家，生于法国海外省马提尼克岛。

② Dominique Fernandez（1929— ），法国作家、法兰西学院院士。

总理安德烈·巴比什于二〇一八年十一月来他家的时候，昆德拉提出了条件：不允许政治家在脸书周日帖上发照片。“他就像一个印第安老人，生怕别人偷走他的灵魂。”薇拉经常这样说。

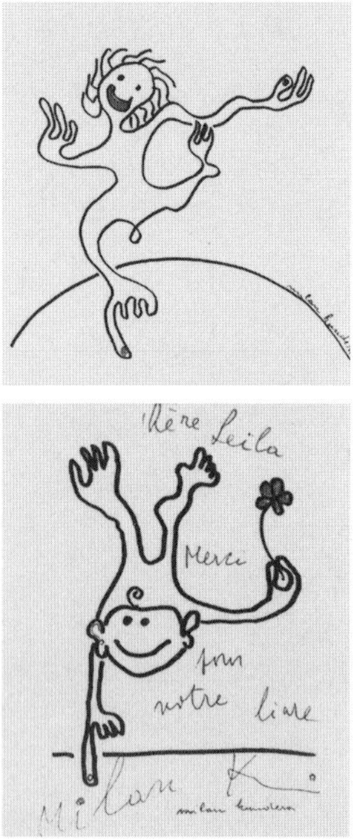

送给蕾拉·斯利玛尼的装饰画细部

出于谨慎，昆德拉更愿意给人寄送手绘图画而不是信件。他以毕加索版巴巴爸爸的方式画一些奇怪的人物，一些线条柔软圆润的形象。蕾拉·斯利玛尼[①]家中就装裱着一幅昆德拉用儿童体签着“Milan K”的装饰画，字母i上的圆点被点缀成花蕾形状。不管是信件还是打字稿，这对夫妇都不在身后留下任何痕迹。二〇一〇年秋天，在全职服务二十四年之后，薇拉停止独自打理丈夫事务，将海外版权

① Leïla Slimani（1981—　），摩洛哥裔法国作家，2016年以小说《温柔之歌》获龚古尔文学奖。

托付给美国的文学经纪人安德鲁·怀利，别号“豺狼”。她销毁了所有合同。“我叫来了垃圾清运工，我四分之一个世纪的生命就这样在我眼皮底下随着碎纸屑烟消云散了。”不久前，她向捷克文化杂志《主宾》吐露了这件事。“我甚至觉得他们把两人之间的书信也付之一炬了。”他们四十年的朋友阿兰·芬基尔克劳①感叹道。

昆德拉喜欢引用福楼拜的这句话：“艺术家应该尽量设法让后人相信他不曾活在世上。”他一直厌恶当今时代的“唐突冒昧”，认为这是一桩“重大罪恶”（《纽约时报》，一九八五年）。他曾经生活在灰水时代，对当代人解读过去东方阵营生活的套路不以为然：“在共产主义国家，警察毁灭隐私，在民主国家，记者威胁隐私。”一天，昆德拉在昔日文坛领袖弗朗索瓦·努里西耶②面前坦言：“我不喜欢让自己的生活变成情节剧。”他给自己的生活贴上了封条。

然而，这是怎样的生活！自一九二九年在捷克斯洛伐克出生

---

① Alain Finkielkraut（1949— ），法国哲学家、法兰西学院院士。

② François Nourissier（1927—2011），法国记者、作家，曾任龚古尔评委会主席（1996—2002）。

到纳粹入侵，自一九四八年共产党掌权到二十年后的“布拉格之春”，从选择加入法国国籍到二〇一九年十一月底被恢复捷克国籍，一个世纪的历史与他的生命交织在一起。在谈到自己喜欢的小说家之一、维也纳人赫尔曼·布洛赫时，昆德拉曾这样写道：“在他的命运里，铭刻着那个时代欧洲的所有悲剧。”而他自己也走过了冷战和铁幕，跨越了两个世纪和众多边境线，并伴随着欧洲幻象的缓慢解体。其命运跌宕起伏堪比小说，他有时更像约翰·勒卡雷笔下的一个人物。

薇拉·昆德拉约我在圣父街附近的餐馆见面，她看上去很有兴致，但是心存戒备。她没有建议我和她丈夫见面。“我们的生活本身没有任何价值。”她说。她声音低沉地试探我，向我抛来一句冷战时期的恶言咒语：“记者这种嗅犬都应该被绞死。”在喝咖啡的间歇，她拿过我的笔记本，像个孩子一样在上面乱涂一气，随后放声大笑，表情也柔和下来。十二个小时后，她在深夜给我发来一条短信，长篇系列的第一条短信。于是我明白，寻宝游戏开始了。

第二章

从冷战走来的作家

“米兰·昆德拉生于捷克斯洛伐克。一九七五年定居法国。”这是作家建议在自己书中保留的唯一生平简介，此举似乎把所有为他写传记的作者拒之门外。

一九二九年四月一日，昆德拉在布尔诺出生，这是摩拉维亚州的首府、新成立的捷克斯洛伐克的第二大城市。一九一八年，捷克斯洛伐克脱离了奥匈帝国的统治，它有五千万人口，多民族杂居，多语言共处，国土一直延伸到乌克兰，民族主义的呼声已经此起彼伏。昆德拉认为这里是整个中欧的缩影，“最大的多样性存在于最小的空间里”，宛如某种微缩体验。

布尔诺是一个外省城市，有一座大教堂和一座城堡俯瞰全城。这里没有布拉格的魅力，却是一个生机勃勃的文化中心，它距离维也纳仅一百三十五公里，而现代派艺术随着新世纪的到来在维也纳这座充满活力的都市方兴未艾：那里有画家克里姆特和埃贡·席勒、弗洛伊德与精神分析学、马勒以及后来的阿尔班·贝尔格[①]的音乐革命。

布尔诺具有国际氛围，很多人现在还会说德语。我们今天看到一九三六年地区旅游开发局制作的海报，依然会为之称奇，上面居然用法语书写着对布尔诺的溢美之词："请来捷克斯洛伐克第二大城市参观游览！"

关于自己的母亲、美丽的米拉达，昆德拉始终只字未提。甚至在《笑忘录》这部极为个人化的作品中，连她的影子都寻觅不到。作为参照的是父亲，路德维克·昆德拉，出色的钢琴家和音乐学家，音乐学院教授，战后担任布尔诺音乐学院院长。他具有先锋精神："一九二〇年代，（他）从巴黎带回米约[②]的钢琴曲，并且在捷克斯洛伐克演出，面对着现代音乐演奏会疏疏落落（非常疏落）的听众。"昆德拉在《相遇》中写道。

---

① Alban Berg（1885—1935），奥地利作曲家。

② Darius Milhaud（1892—1974），法国作曲家。

1936年，布尔诺地区旅游开发局海报

米兰·昆德拉的父亲是作曲家莱奥什·雅纳切克的学生，当时这位作曲家在法国还鲜为人知。后来，在巴黎，昆德拉不遗余力为他扬名。在巴黎圣母院附近的公寓里，作家同时也是音乐家的伯努瓦·迪特尔特保留了当年《幕前》和《音乐世界》上刊登的昆德拉为雅纳切克的歌剧或四重奏撰写的专栏的剪报。去过昆德拉夫妇在蒙帕纳斯附近利特雷街的第一处寓所的人们清楚地记得，作家的书房里端放着三张照片：一张是著名的维也纳人、昆德拉的文学偶像赫尔曼·布洛赫，另一张是雅纳切克，最后一张是他父亲。

青年昆德拉继承了父亲修长的双手和完美的耳朵。巴黎政治学院教授阿兰-热拉尔·斯拉玛[①]曾是《费加罗报》记者，也是昆德拉自一九七五年结识的朋友，他告诉我说："一天，米兰来到我在巴斯德大街的家。我在普雷耶钢琴上弹奏雅纳切克著名的协奏曲的引子，刚弹几个音节，突然，他跳了起来，给我纠正了一个

① Alain-Gérard Slama（1942— ），法国文论家、记者、历史学家。

降B。”需要说明的是，这个家中独子早年接受的教育很粗暴。在《被背叛的遗嘱》中，他讲到父亲被他一次弹奏钢琴即兴曲气得恼羞成怒，“他跑来我的房间，把我从琴凳上揪下来，以一种很难控制的厌恶，把我丢到饭厅桌子底下”。

年轻的昆德拉有两位“音乐作曲”老师，其一是帕维尔·哈斯。他是昆德拉父亲的朋友，这位教授为人亲切随和，性情幽默且略带沉郁，据说他是雅纳切克“大师”最有才华的学生。一九三三年、一九三四年，小昆德拉腋下夹着乐谱被送到哈斯家里上课。一九三九年后，帕维尔·哈斯戴上了黄色六芒星，同时，因为犹太人的财产被没收，他带着小型钢琴一次又一次搬家，直到搬到这个与其他被迫害的艺术家合住的配家具的小出租房，他的学生小昆德拉追随他在这里继续练习和弦。

帕维尔·哈斯（1899—1944）

米兰·昆德拉在《被背叛的遗嘱》中写道："关于这一切的回忆，我只留有对他的敬意，还有三四个模糊的形象。我特别忘不了一次下课后，他陪我出门，走到门边时，他突然停住，对我说：'在贝多芬的音乐中有许多惊人薄弱的乐段。但恰恰是这些薄弱处使强有力的乐段大放异彩。它就像是一片草坪，要是没有草坪，我们看到从地上长出的漂亮大树时是不会太兴奋的。'……我当年的老师的这段短暂思索伴随了我的整个生命，我首先捍卫它，之后又与之争辩。没有他的思考（以及我与这一思考的长期争辩），这篇文字肯定写不出来。……我很高兴以他这样的形象结束这篇文字：他不久之后就要去作一次残酷的旅行，然而却在一个孩子面前，高声地说出自己对艺术作品的结构问题进行的思索。"

然而，一九四一年的一天，帕维尔·哈斯停止了给孩子们上课：闷罐车把他拉到了泰雷津集中营，昆德拉称这里为"苦难之都"。在一部纳粹的宣传影片中，可以瞥见这位几近瘫痪、瘦骨嶙峋的音乐老师在一群目光呆滞的可怜观众面前演奏一首自己的作品。

《钢琴、中提琴、单簧管和打击乐器的四重奏》：昆德拉以作曲者的身份踏入人生旅程。同时也是满怀热情的共产主义者。自十六岁起，他就充满激情地阅读马克思的作品。一九四七年，他加入了党的青年组织。铁幕降临欧洲，将之分为两个世界。一九四八年布拉格政变，捷克共产党在莫斯科策划下上台执政，这让他激动不已。“一九四八年前后，我也颂扬革命。”一九八一年昆德拉在《解放报》上承认道。“共产主义和斯特拉文斯基、毕加索以及超现实主义，都同样令我着迷。”一九八四年他在《世界报》周刊《图书世界》中补充说。他的朋友阿兰·芬基尔克劳则证实道：“他跟我说过，他甚至让他父亲入了党。”

昆德拉在《音乐世界》中写道：“正如在一个医生世家可以预想子承父业一样，我父亲也指望我成为音乐家。可以说，十八或十九岁的时候我背叛了父亲——不是针对他本人，正相反，我一直很爱他。”与音符相比，他更喜欢文字，并悄悄地走向文学之路。他在一九四七年发表了第一篇作品。这是一篇“莫名有些病态的习作”，题铭“纪念帕维尔·哈斯”。这位他最亲爱的音乐作曲老师一九四四年死于奥斯威辛集中营，二〇〇〇年成为布尔诺荣誉市民，十年以后，昆德拉也获得了该市荣誉市民的称号。

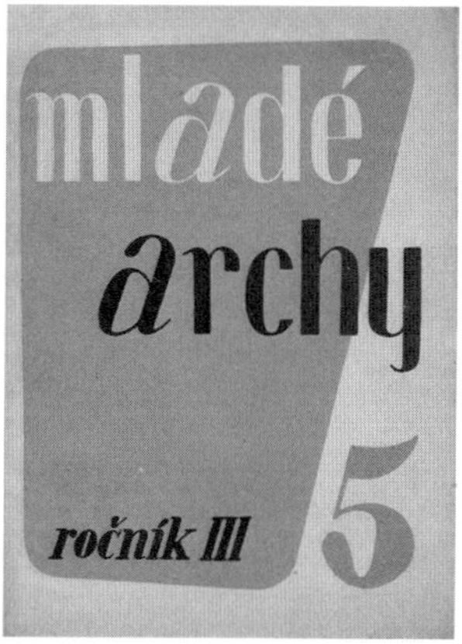

在这本杂志的目录中，有那首纪念帕维尔·哈斯的诗

第三章

薇拉·昆德洛娃

“法国人并不知道，米兰·昆德拉曾和帕维尔·哈斯的女儿奥尔佳有过一段短暂的婚姻。”布拉格法国学校的校长吕克·莱维对哈斯家族的命运饶有兴趣，我们第一次在捷克见面时他就向我解释道，“无论是书面还是口头上，昆德拉都从未讲过这件事。”奥尔佳·哈斯从“正史”中被删除了，仿佛以寻宝游戏形式撰写的小说中一封丢失的信件。

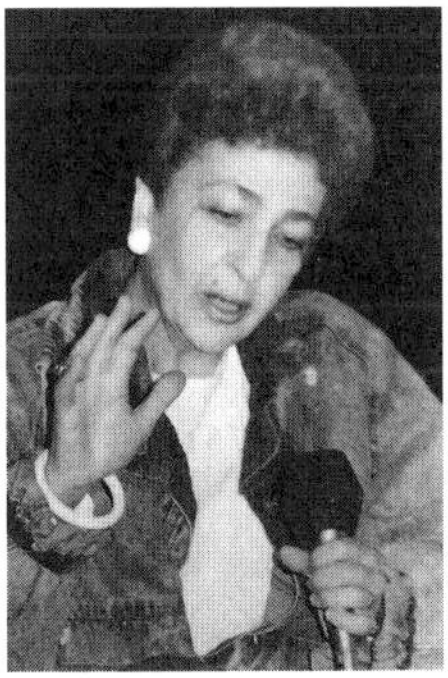
奥尔佳·哈斯

奥尔佳现年八十三岁，一直生活在布尔诺。她自称为奥尔佳·哈斯奥娃-斯姆尔奇科娃（Olga Haasová-Smrčková）（在捷克语里，姓氏中用后缀“-ová”来表示女性），但是在某些文件中，比如在奥尔佳担任会员的布尔诺音乐协会的文件中，她的名字则为奥尔佳·哈斯奥娃–昆德洛娃（Olga Haasová-Kunderová）。当地一份报纸曾刊登过她小时候身着演出服的几张照片。在一张出自自助照相亭的照片上，她变成了一个摩登女郎，身着黑色高领衫、留着短发；另一张照片里的她则更加成熟，身穿牛仔上衣，佩戴手镯和耳坠。

奥尔佳·哈斯优雅脱俗，她从不愿谈及与昆德拉的婚姻。二〇二〇年，一位莽撞的昆德拉传记作者扬·诺瓦克[①]送给她一大捧白玫瑰，随后又连送了两大束，指望打动她袒露心声。作家的第一任妻子给他发了这样一条信息："请您不要再做无用功了，米兰不愿意我谈论我们的生活，我对他做过承诺。"坦白讲，为什么要用琐闻逸事去损伤文学创作呢？米兰·昆德拉身边的人都尊重大师的沉默。他在布尔诺的法语老师只讲述过一件轶事：她如何与这个学生一起为了翻译捷克语"litost"（力脱思特）一词连续探讨了好几个小时，这个词在斯拉夫语言里有着某种脱离现实环境

---

① Jan Novák，后文提到的《捷克时期的昆德拉》的作者。

的不可言喻的沉重。

雨果·哈斯（1901—1968）

奥尔佳是“二战”前著名演员雨果·哈斯的侄女。在一部捷克电视纪录片里，雨果·哈斯手里拿着一个相框，里面是奥尔佳少女时代的照片，她目光神秘，一头卷发，身穿白色连衣裙。“这是我心爱的侄女的照片。”他对着照片点评道。和哥哥帕维尔·哈斯不同，雨果·哈斯和妻子在一九三九年成功离开了布拉格，后来只在一九六三年——自由化初期——回来过一次，那一年，卡夫卡终于被当局平反。在短暂的停留期间，雨果·哈斯观看了昆德拉一出不知名的话剧，《钥匙的主人们》。后来这位演员透露道：“我什么都没看懂，也许我不够客观。剧作者和我侄女离了婚，我感受到的大概只是家庭恩怨。”

奥尔佳曾经到处旅行，“二战”前她甚至在美国居住过。在他们短暂的婚姻期间，昆德拉远距离地结识过几个注定要对他终生有影响的人物。布尔诺青年演员奥尔佳的母亲是医生，俄罗斯人，著名语言学家罗曼·雅各布森的第一任妻子。雅各布森在莫斯科与俄罗斯先锋派往来频繁，在巴黎与小说家艾尔莎·特里奥莱[1]和她的伴侣路易·阿拉贡交好，而阿拉贡自一九四八年起经常到捷克斯洛伐克小住。是雅各布森把青年昆德拉介绍给阿拉贡的吗？薇拉确信不是。不过，这位法共作家的确和昆德拉的人生轨迹有所交集，甚至还在布拉格观看过一部他的戏剧。

“这是我心爱的侄女的照片。”

① Elsa Triolet（1896—1970），俄裔法国作家，抵抗运动成员，1944年获法国龚古尔文学奖，是第一位获得该奖项的女性。

一九五〇年代初期，米兰·昆德拉离开省城来到首都。导演米洛斯拉夫·斯米德马耶[1]认为，“那是因为布尔诺对他来说变得太小了”。从一九五三年起，昆德拉开始在布拉格著名的电影学院（FAMU）教授世界文学史，后来教授小说理论。他还指导了一个剧本研讨班，“几乎捷克所有新浪潮电影的重要人物都是我的学生”，他在到法国之前提交给法国当局的一份简历上这样写道。据他当年的一位巴黎朋友向我透露，这是他为世人所知的唯一一份简历。在他的学生中，有“捷克戈达尔”之誉的伊日·门泽尔[2]，还有未来的美国导演米洛斯·福尔曼[3]，他也是一个流亡者。在斯米德马耶看来，“正是因为昆德拉在课堂上讲授过《危险的关系》，福尔曼才拍摄了改编自该小说的电影《最毒妇人心》”。

大约在同一时期，在摩拉维亚-西里西亚州的布伦塔尔火车站

① Miloslav Šmídmajer（1959—　），捷克导演。

② Jiří Menzel（1938—2020），捷克导演。

③ Miloš Forman（1932—2018），捷克裔美国导演，1968年移居美国。曾执导《飞跃疯人院》等。

餐厅，一个充满活力的十六岁棕发姑娘正忙前忙后打点顾客，她还随时搭把手去开啤酒桶、倒酒。那时共产党“改革派”还没有掌权。布拉格事变后，她母亲追随新丈夫逃离了首都。薇拉·赫拉班科娃跟着他们来到布伦塔尔。此前她从十二岁起一直跟父亲生活，但是父亲被捕入狱，一直关押在羁，未进入任何审判流程：“妈妈离开后，因为没有钱，爸爸出租了公寓的一部分，一个法国女人搬进来和我们同住。一天，她偷听到父亲和一个朋友策划移民的对话，就把他们举报了。我的继父是律师，他设法让我免于去劳教机构接受改造。”薇拉说自己拒绝参加党的青年组织，比如社会主义青年团。在《主宾》杂志的访谈中，她回忆道：“在学校宣传栏上写着标语：‘薇拉·赫拉班科娃，为什么不加入先锋队？’我还是没加入。”

餐厅服务员的工作对于她来说“就是地狱，我知道自己必须逃离这里，满脑子都是出逃的念头”。她于是来到布伦塔尔剧场参加演出：“那里现在还有我的画像。”“为了不让自己发疯”，她朗读诗歌，钟情于向往爱情、摒弃权势的诗篇。她现在依然能把高尔基的长诗《少女与死神》倒背如流：

皇帝打完了仗经过村庄。
无比愤恨剐着他的心脏。
接骨木丛林后面他听到
有一个少女在哈哈大笑。
吓人地蹙起红色的眉毛，
皇帝用马刺把马一敲。
他向那少女扑去像风暴，
甲胄铿锵作响，他叫道：
“怎么，”他凶狠粗暴地嚎叫，
“你这丫头，怎么露齿讥笑？
敌人把我打了个大败仗，
我的全部亲兵都被杀光，
敌人俘去我半数随从，
我回去要把新军调动，

我是皇帝，我正伤心气恼，——
怎受得了你无知的嬉笑？”
把胸前的短衫整整好，
那少女便回答皇帝道：
“我正在跟爱人讲恋爱，
老伯，你最好还是走开。”①

在那个时候，她就已然心系不羁的爱情，而不是世间的喧嚣。

薇拉开始参加各种朗诵比赛，还因为朗诵高尔基摘取了地区选拔赛的第一名。布拉格公共广播电台的一个职员观看了表演，力邀她参加广播朗诵比赛。她担心拿不到通行证，而没有通行证就无法离开乡村，但最终她还是来到了首都，在一档捷克人狂热追捧的大众广播节目《周日的诗歌时光》中朗诵了罗贝尔·德斯

① 林陵译，参见《高尔基文集》第一卷，人民文学出版社，1981年，第18—19页。

诺斯[1]的一首诗。

正如在中欧各地一样，诗歌不只是一种专业，而是如斯蒂芬·茨威格所说，“它是心灵和生命的一部分”。在十二年间，昆德拉自己就出版了多部诗集，并且翻译了阿波利奈尔的《醇酒集》。阅读过昆德拉所有诗作的“文学”传记作者让-多米尼克·布里埃[2]这样写道：“在向其灵感核心尤其是男女之情发展之前，他早期的诗作充满地方色彩和政治热情。”例如，有一些诗篇赞美斯大林，也有一些诗篇歌颂摩拉维亚钢铁厂的伟大成就。

进入一九六〇年代，昆德拉最终选择了小说。在克里斯蒂安·萨尔蒙看来，这不仅是艺术或职业的选择，而且是“其作品和生命的决定性转向，这一转向成为《生活在别处》的灵感来源”。小说的主人公雅罗米尔是一个和作者很相像的青年诗人，书中他所创作的诗都是昆德拉年轻时发表过的。在成为警方的举报

① Robert Desnos（1900—1945），法国超现实主义诗人。

② Jean-Dominique Brierre，法国记者、作家，著有《米兰·昆德拉：一种作家人生》。

人之前，雅罗米尔狂热地投入到政治活动之中。后文中我们可以看到，这一细节十分重要。

一九六三年，短篇小说集《好笑的爱》已经确立了昆德拉犀利透彻的文风，他以此开启文学生涯，得到了声名显赫的文学教父们的密切关注。萨特和阿拉贡都注意到了他。短篇集中的一篇小说被翻译成法文并刊载到《现代》杂志上，另一篇由《法国文学》转载。

有一件事昆德拉不愿意谈及，大多数读者也不知道：在布拉格的这几年，他还是一个与党走得很近的知识分子。

一九六七年六月，威隆拉第剧院的一个大厅里挂满了红旗，米兰·昆德拉宣布第四届捷克作家大会开幕，并做了《还文学以品质和尊严》的主题发言。这一天，通过揭露对捷克文化的压制，他打开了一个突破口。接下来发言的作家不仅没有对体制再表忠心，反而要求取消审查制度。

随后不久，数名作家因此被开除党籍，而昆德拉安然过关，

米兰·昆德拉在第四届捷克作家大会上，布拉格，1967年6月

只被记小过一次。

几天以后，他悄悄地与一位小自己六岁的电视节目主持人结了婚，她就是薇拉，布伦塔尔火车站的那位姑娘。被公共广播电视台发掘之后，薇拉在实地工作中学习播音主持，往返于布拉格和布尔诺之间。至于结婚的日子，她发誓说记不得了。“都有一百九十年了。”她在发给我的短信里写道。几个月后，这次是在电话中，她对我说：“我们结婚这事儿一点都不重要，之所以结婚，只是为了让我们能在一个房间里睡觉而已。”

不过，在接受《主宾》杂志采访的时候，她讲起了结婚三年前与昆德拉在布尔诺相识的过程。当时薇拉要去广播电视台值夜班，刚出家门就在列宁街（现在叫库尼科娃街）遇到了一个诗人，她之前朗读过他的诗，诗人把同行的男人介绍给她，说这是“米兰·昆德拉先生”。作家和年轻女记者之后又相约见面。第一次约会时，作家问：“赫拉班科娃小姐，您会打字吗？”然后，在进行了两个小时的听写打字之后，他说：“我再给您打电话。”还能比这更“昆德拉”吗？

“诗歌一直是我的最爱，从某种方式讲，正是因为诗歌我才认识了米兰。”三年以后，他们搬到了布拉格。小说家的妻子三十二岁，成为了捷克电视明星。“差不多就是克里斯蒂娜·奥克朗[1]。”某天昆德拉对自己的巴黎朋友斯拉玛说。而薇拉则告诉我说她觉得自己更像安妮·辛克莱[2]。她由此结交了一群快乐伙伴，“我的小团伙”，说起这些她略带感伤也充满自豪。大街上人们对她报以微笑，所有人都认得出她熠熠闪光的双眸以及珍·茜宝[3]式的发型。

那时薇拉比米兰有名，但是当局对他们俩的监视一天比一天严格。昆德拉的《玩笑》两年前完稿，但小说一直在审查机构“待审”，他对此一点儿都不乐观。至于它的出版，只能靠译本了。

---

① Christine Ockrent（1944—　），法国著名记者、新闻节目主持人。

② Anne Sinclair（1948—　），法国著名电视政论节目主持人。

③ Jean Seberg（1938—1979），美国电影演员。

在巴黎，作家的一位捷克朋友、那次著名的作家大会后被开除党籍的知识分子安东宁·利姆把《玩笑》手稿交给时任法共中央委员的阿拉贡。据洛林大学荣休文学教授、阿拉贡专家雷纳尔·拉昂克介绍："阿拉贡把昆德拉当成比自己年轻三十二岁的兄弟。为了出版法文版他不遗余力，甚至在读到书稿之前就向伽里玛出版社的朋友承诺写一篇序言。"

出人意料的是，一九六七年四月，书稿一字未动就在捷克出版了。更妙的是，第二年，当审查制度被正式取缔、"布拉格之春"如火如荼时，昆德拉受到党的表彰并获得了捷克作家联盟奖。《玩笑》在全国销售了近十二万册，与此同时，在巴黎，伽里玛出版社正在为一九六八年秋天出版法文译本做准备。然而，八月二十日到二十一日的夜晚，苏联坦克开进了捷克首都。

薇拉·昆德拉告诉我："我记得自己行走在停满了军车的巴托洛缪街上，飞机在空中盘旋。电视台的人早上五点来家里找我去演播室。"老捷克人今天还记得，是薇拉向电视观众宣布了华约军队入侵的消息。

薇拉·昆德拉，捷克电视明星

这简直就像她丈夫的一本小说，偶然和巧合让情节跌宕起伏。

在巴黎，阿拉贡一边听着收音机，一边对《玩笑》的序言进行最后的修改（溢美之词一如既往），以更贴近正在发生的事件，同时谴责苏联坦克的入侵。昆德拉被批准去法国参加作品的宣传推广活动。时事明显起到了推波助澜的作用。媒体的书评标题是“有关斯大林时代捷克斯洛伐克的见证”，一场大误会正是由此开始。昆德拉想作为作家被认可，然而报纸却在欢迎一位介入的知识分子。昆德拉后来在意大利《共和报》上调侃道：“对于所有人而言，我成了一名站在坦克上的战士。”

在巴黎逗留期间，他在接受《法国文化》电台采访时承担了与所分配角色不同的任务：“我不认识任何想要移民的作家。我坚信人性化的社会主义事业并未失败，我们认为需要留在自己的国家努力工作。不应该过度渲染我们所遇到的麻烦。”在这份今天看来像是一份外宣文件的罕见档案里，昆德拉当时就是这样坦言相告的。他还怪罪另一位作家、持不同政见者瓦茨拉夫·哈维尔。据雷纳尔·拉昂克回忆：“在一九六八年十二月发表的一篇文章中，昆德拉指责未来的捷克总统‘使用了一个从未接受过共产主义理想的人的论点’。”

即使在今天，薇拉·昆德拉依然为一九六三年至一九六八年那段时期辩解。“那是不一样的共产主义，比如米洛斯·福尔曼就在那个时期得以展现才华。”但是，他们这些“改革派”的批评之声已经无法发出了。昆德拉从此被视为带头与“规范化”[①]为敌的知识界的一员。一九六九年，薇拉被电视台解雇。“我一只手拿着鳄鱼奖，这是国家电视台的崇高奖励，另一只手拿着电视台的解聘书。”薇拉在《主宾》杂志上调侃道。

奇怪的是，遭到解雇与其说令人心碎不如说让人心安。“在电视台时，我就对自我推销心生反感。在这方面，我比米兰的耐受力更强。然而，当苏军入侵后他们把我开除，而我也明白自己不会再回来的时候，我感觉如释重负，因为我知道不会再有陌生

① 指回归共产主义规范。

人停下来打量我，对我品头论足，就我的着装或发型提出各种建议了。”

我很奇怪在哪里都看不到她的照片。她回答：“没有我的照片，一般情况下，我总是躲起来！”在她的每一条短信里都会释放出让一切（包括她、世界和我）都变得可疑的喜剧色彩。

薇拉被解雇一年之后，她的丈夫被开除党籍，之后，昆德拉收到了电影学院某位“采拉姆伽”院长的一封信，我在巴黎找到了由一家法国中介悉心保存在档案中的蹩脚翻译件：“亲爱的同志，如您所知，院务委员会于一九七一年五月二十六日召开会议，您本人也出席了此次会议，院务委员会审议了您在影视系继续工作的问题。经过对您一九六八和一九六九年工作的评估，院务委员会认为有必要自一九七一年九月三十日起终止您的工作合同。我们建议您在双方同意的基础上停止合同。即复为盼。”

“谁不与我们并肩前行，谁就是在反对我们。”昆德拉的书被从图书馆和书店撤出。“我不复存在了。”他对弗朗索瓦·努里西耶这样说。

当权者也没放过米兰·昆德拉的父亲。一九六八年以后，因为儿子的缘故，他也被列入黑名单。路德维克·昆德拉为雅纳切克协奏曲首次录制所做的样片被销毁。一九七一年，在患失语症长达十年之后，这位可敬的父亲离世，未能完成他念兹在兹的贝多芬奏鸣曲研究书稿。

在那种恐惧氛围下，昆德拉只收到两封吊唁信。“我记得一封来自我最喜欢的诗人扬·斯卡采尔①。”薇拉告诉我说。葬礼那天，四个音乐家演奏了雅纳切克的《第二弦乐四重奏》。那一天，没有一个人发声。“在被占领的阴暗年代，我不让任何人致辞。”三十年后，昆德拉在《相遇》中写道。

墓地周边魅影浮动。葬礼期间，一直有身着灰衣的秘密警察出没。至此，他们监视昆德拉夫妇已经两年了。

① Jan Skácel（1922—1989），捷克诗人。

第四章

“精英主义者一号”，或窃听风暴

一九七四年六月一日。作家米兰·昆德拉，又名“精英主义者一号”，“离开家，他没戴帽子，穿深色西装，黑皮鞋。夫人陪着他。他们在住所前稍停片刻，十点五分，一辆牌照为ABJ 6797的车停在‘精英主义者一号’家门前。司机是G，同车还有一个陌生人。当事人和夫人上了车，汽车朝里克纳街开去，到达后停在那里”。

一九七三年十二月十七日。“‘精英主义者二号’（薇拉·昆德拉的代称）来到布尔诺人类博物馆咖啡厅与演员Z.K.见面，Z.K.和女演员V.F.在一起生活。见面是事先约好的，他们前后脚到达。交谈大约半小时后，我们的线人看到昆德洛娃（捷克语“昆德拉夫人”）向咖啡馆服务员要了一张A4纸并在上面写着什么。她写下‘O.S.’，还有她的电话号码。薇拉·昆德洛娃把这张

2019年，巴托洛缪街1号，昆德拉旧址。该街7号曾为国家安全局所在地

纸交给了Z.K.。线人接下来听到昆德洛娃和服务员讨论‘拳师犬的交配问题’，她不太肯定自己的纯种拳师公犬杭沙是否能让服务员的母犬受孕”。

这简直就是《窃听风暴》的情节，导演弗洛里安·亨克尔·冯·多纳斯马尔克[1]在这部电影里揭露了东德秘密警察的工作手段，以及对艺术家和持不同政见者的围捕迫害。只不过眼下我们是在布拉格，其生活受到警方监视的那位作家后来举世闻名。

二〇一九年底，当我发掘出这些档案时，昆德拉夫妇还从未听说过它们的存在。并且，他们后来也一直没有阅读过这些材料。米兰与薇拉·昆德拉的生活就这样被记录在案、打印、编目，装订起来的文件达二千三百七十四页之多，上面盖有“国防机密”或“绝密”字样的章。“我们唯一不朽的所在就是警察局的档案材料。”昆德拉在《笑忘录》中就这样写过。薇拉的短信：“太可笑了，我的狗狗是女士，名字叫邦沙。秘密警察也乱七八糟啊！！”

① Florian Henckel von Donnersmarck（1973— ），德国编剧、导演，自编自导的首部长片《窃听风暴》获2006年奥斯卡金像奖最佳外语片奖。

这些记录是捷克秘密警察机关国家安全局（StB）建立的昆德拉档案的一部分。二〇〇八年以后，档案由极权制度研究所保存，该所汇集了内政部继承下来的所有档案：极权统治的解密曝光，群体化偏执的书面铁证。

电话窃听，监听房间里的对话，跟踪，拍照，截取并拆读信件……一九六九年到一九七九年这十年间，昆德拉夫妇和许多其他人一样处于监控之中。为《人民报》工作的历史学家彼得·齐德克二十多年来一直在挖掘这些档案，他在报社楼下对我说，他认为昆德拉夫妇是一个两步走计划的牺牲品："首先，要迫使他们离开捷克。其次，要阻止他们从国外回来。"

国家安全局的密探冬天把相机藏在大衣里，夏天假扮成保加利亚游客，他们走路或乘坐伏尔加大轿车，跟踪、拍照、紧盯着这对夫妇，甚至连私密生活也不放过。一切都记录在案……从健康问题到在坎帕公园的散步，从文学和政治评论到米兰·昆德拉与距首都六十公里处的科林城一个女占星师的多次会面，警方报告中还证实这位女通灵者随后在警探面前不加犹豫全部坦白了。

在海波恩斯卡街的酒店房间里，我不停地转动电脑鼠标的滚轮查看缩微胶片。文件记录使用的是雷明顿打字机，字迹至今依然非常清晰，标注着“Přísnětajné”（绝密），“osobní”（私密）……尽管时过境迁，看到这些依然令我头晕目眩，让我为自己也成为窥视者而深感不安。虽然不懂捷克语，在翻译人员破译这些文字之前，我猜得出这些微缩胶片会曝光一些人的名字，这些人有的是告密者，有的只是在和警方线人喝茶的时候不小心多说了几句。

灰衣警探展现的能量令人赞叹。继那次纯种狗问题的约会之后，警察中尉做出如下批示：“核实S.K.[①]，调查O.S.，通知A2分队的P同志。”并且“复制两份，一份归档‘精英主义者’档案，一份作为工作文件”。如临大敌的官僚做派。

哪些内容最让我触目惊心？那些来自众多告密者、朋友、熟人的证词，他们之所以愿意合作，往往是因为秘密警察用工作或

---

① 上文记录为“Z.K.”，此处中尉批复为“S.K.”，或作者疏忽写错，或以此显示中尉工作疏漏。

者家人对他们施压，比如其中有一份材料打探一九七三年昆德拉获得美第奇文学奖的情况："他有奖金吗?""你高兴吗?"就像被锁定为目标的许多知识分子所面临的情况一样，这样的对话从拿起咖啡杯或端起啤酒杯的时候就已经被记录在案了，有时占两三页篇幅："他说……我回答……"

"布拉格之春"之后，秘密警察开始正式关注昆德拉了。在此之前，党还是信任这位电影学院副教授的。他可以去巴黎，尽管回来之后"有时不得已要写一份报告"，彼得·齐德克回忆说。现在，国家安全局指责昆德拉"严重影响"了一九六七年关于审查制度辩论的走向，并且"质疑党和政府在文化方面采取的措施"。

一九六八年一月九日，国家安全局创建了一份"Basník"档案，档案名称沿用了一九五九年十二月调查昆德拉时使用的代称。彼得·齐德克解释说："在那个年代，警察对一个人感兴趣不需要太多理由。对于昆德拉而言，只需要和南斯拉夫来的人见上一面，或接到一个来自瑞士的电话……”这份档案于一九六二年五月第一次结案并被销毁，因为没有什么值得记录在案的。我记住了“Basník”这个名字，它在捷克语里是“诗人”。其中的幽默效果并非出自秘密警察本意，“诗人”也是一九七三年出版的《生活在别处》的主人公雅罗米尔的代称，电影《窃听风暴》里一个受到斯塔西①迫害的人物也使用这个代称。警察不喜欢诗歌。

继被电影学院解聘之后，昆德拉又被开除了党籍，成为情报机构眼中的“二类敌人”。一九七一年九月，作家四十二岁，“精英主义者”行动正式启动。国家安全局这样解释为什么使用这个代码:“精英主义理论在他身上根深蒂固。”几个月后，国家安全局又创建了一份有关他妻子的档案：薇拉·昆德拉被登记在“精英主义者二号”代码下。对于秘密警察而言，她只是一个数字，是她丈夫的陪衬。“我受到了侮辱，我也要加入#MeToo行列！！！”

---

① Stasi，东德国家安全部（Ministerium für Staatssicherheit）缩写。

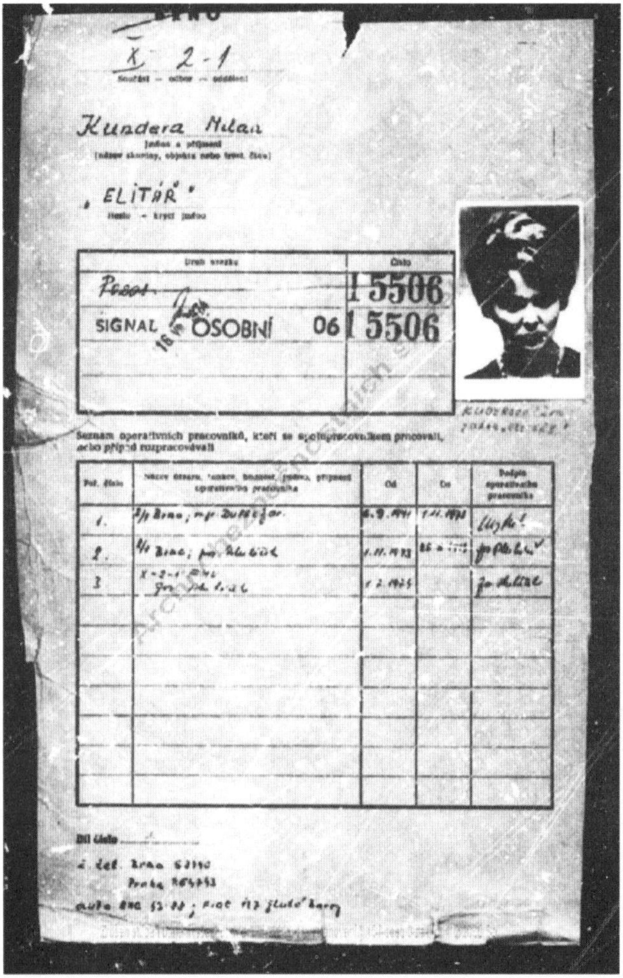

X 2-1

Kundera Milan

„ELITÁŘ“

15506

SIGNAL OSOBNÍ 06 15506

捷克国家安全局为米兰·昆德拉创建的“精英主义者”档案中的一页

当我告知薇拉这件事时，她这样用短信回复我。

他们的生活很快变成了地狱，处于透明化专政之下。为此，夫妇俩不得不经常玩一些小把戏来应对。举例如下：苏联入侵后离开布拉格的小说家约瑟夫·什克沃雷茨基[①]于一九七一年在加拿大创立了68出版社，并渴望在加拿大用捷克语出版昆德拉的作品，为此他需要取得作者的同意。可是，如何才能不为人知地把出书建议转达给作家呢？一九七三年十二月，一位叫安博·布索格鲁的女记者与昆德拉取得了联系，她是捷克流亡者，当时在《世界报》海外版工作，负责报道东欧和苏联地区新闻，现已去世。她在出版人和昆德拉之间穿针引线。如果昆德拉夫妇对出版计划不感兴趣，就做一个无关痛痒的简单回信。如果同意出版，就给什克沃雷茨基发送一份电报或明信片，只署名薇拉并写上“送上迟到的生日祝福”，远在多伦多的出版人就心知肚明了。

---

① Josef Škvorecký（1924—2012），捷克作家、出版人，后流亡加拿大，1984年出版《不能承受的生命之轻》，是该书的第一个出版商。

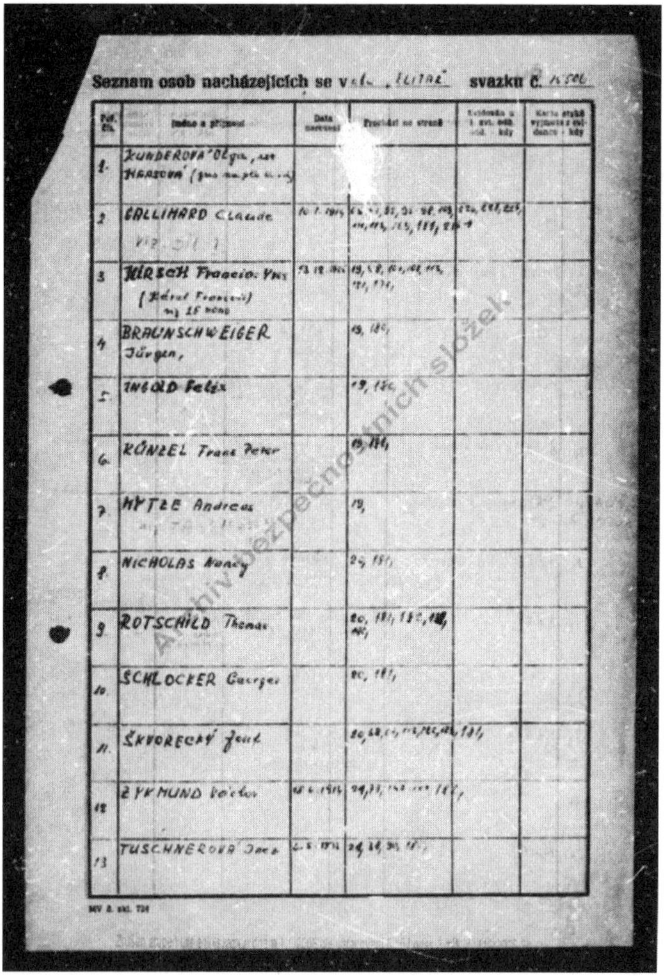

Seznam osob nacházejících se v „ELITÁŘ“ svazku č.

Poř. č.	Jméno a příjmení	Data narození	[illegible]	[illegible]	[illegible]
1.	KUNDEROVÁ Olga, [illegible] HARASOVÁ [illegible]				
2	GALLIMARD Claude	[illegible]	[illegible]	[illegible]	
3	HIRSCH François [illegible]	[illegible]	[illegible]		
4	BRAUNSCHWEIGER Jürgen,		19, 180,		
5	INGOLD Felix		19, 180,		
6	KÜNZEL Franz Peter		19, 180,		
7	HYTZE Andreas		19,		
8	NICHOLAS Nancy		20, 180,		
9	ROTSCHILD Thomas		20, 181, 182, 183, 190,		
10	SCHLOCKER Georges		20, 181,		
11	ŠKVORECKÝ Josef		[illegible]		
12	ZYKMUND Václav	[illegible]	[illegible]		
13	TUSCHNEROVÁ Jana	[illegible]	[illegible]		

MV [illegible]

秘密警察筛选的米兰·昆德拉联系人，其中包括巴黎出版人克洛德·伽里玛、他的译者、加拿大出版人……

有一个问题一直困扰着国家安全局：这对夫妇想移居国外吗？为了搞清楚这个问题，他们筛查了昆德拉与西方联系人的关系。早在一九六九年，警察就记录过作为“精英主义者一号”的米兰与国外保持着“值得关注的联系”，尤其是与俄裔美国语言学家罗曼·雅各布森，秘密警察还把他错当成昆德拉的舅舅，而事实上，如前所述，他是昆德拉前妻母亲的第一任丈夫。正是因为国家安全局对与小说家关系密切的作家们极为热衷，面对这些微缩胶片档案，我眼前忽然浮现当代文学发展史上的一些篇章。

我有一种从极权政治的狂热档案制度中钩沉出无价之宝的奇怪感觉。屏幕左侧的纵列表格排列整齐，里面记录了很多知名人士与作家的名字，他们的生活也被间接地监视并记录在案。在成百上千捷克人名中，居然有美国作家菲利普·罗斯的名字。

一九七三年，菲利普·罗斯在布拉格曾与昆德拉会面（那时，当地政府把罗斯视为敌人，主要原因是他支持国际犹太复国主义主张）。后来，昆德拉夫妇去康涅狄格州拜访了罗斯。这位《波特诺伊的怨诉》的作者正酝酿出版“来自另一个欧洲的作家”系列图书，试图以此帮助在东欧被查禁的小说家们。一九七五年，他为短篇小说集《好笑的爱》作序。秘密警察的名单上还有克洛德·鲁阿[①]，以及非常喜欢昆德拉的《新观察家》杂志创始人让·达尼埃尔，当然还有伽里玛大家庭的主要成员。这份名单仿佛这家出版社的一份通讯录：著名编辑罗热·格列尼尔，罗曼·加里[②]的朋友；弗朗索瓦·赫西，笔名弗朗索瓦·凯雷尔，昆德拉的特约译者；当然，还有老板本人克洛德·伽里玛。

克洛德·伽里玛是一九六八年秋天、《玩笑》在巴黎出版时与昆德拉相识的，此后，他就定期去布拉格。“前后去了四次，他每次去都会告诉我。在那个年代，去东欧的出版商不多……”他儿子安托万·伽里玛觉得自己没有记错，他现在接替父亲掌管着伽

① Claude Roy（1915—1997），法国诗人、记者、作家。
② Romain Gary（1941—1980），法国外交家、小说家。

薇拉和米兰·昆德拉在布尔诺的贝森迪达姆音乐厅包厢

里玛出版社。

因为伽里玛出版社出版共产党作家阿拉贡的作品，国家安全局认为克洛德·伽里玛这个人还不太坏，说他是“进步人士”、“亲法共”……此外，每次出差，他都例行公事去捷克蒂利亚出版社。尽管如此，伽里玛每次去捷克的全部行程都被记录在“精英主义者一号”档案里：拜访漫画家阿道夫·霍夫迈斯特[①]并经常受邀住在他家，逗留过哪家咖啡馆……秘密警察知道谁去机场接他，谁去送他，航班时间也被记录下来。但是，不经意之间，也遗漏下一些信息……

二〇一一年，米兰·昆德拉在《新观察家》杂志上发表的一篇短文里透露，克洛德·伽里玛利用一次来布拉格的机会小心翼翼地带走了他的两部手稿，其中一部是《告别圆舞曲》。昆德拉写道：“对我来说，这本书是向我的作家生活告别。克洛德·伽里玛明白了这句话的含义，他用自己的方式婉转且近乎腼腆地鼓励我

① Adolf Hoffmeister（1902—1973），捷克画家。

们——我和我太太——移民。”

伽里玛出版社的一个女编辑经常与老板同行。她的名字也出现在“精英主义者一号”档案里，她就是柯莱特·杜阿梅尔、当时的文化部部长雅克·杜阿梅尔的夫人。据说每次去布拉格，她的衣兜里都装满了米兰·昆德拉作品的版税。二〇〇五年八月，为了庆祝柯莱特·杜阿梅尔——后来成为伽里玛夫人——的八十岁寿辰，昆德拉写下一段不曾公之于众的话，他对他的两位法国守护天使大加称赞：“我当时将他们视为另一个世界的来客，他们出现在布拉格对我来说如梦似幻。”

在这本看似书籍的纪念册中，五十位朋友为柯莱特·伽里玛八十大寿写下贺词，其中包括米兰·昆德拉

和很多受到官方制裁并被剥夺体面职业的知识分子一样，昆德拉夫妇靠着攒下来的最后一版捷克语《玩笑》的版税艰难度日。此外，每人也都找点小活计做：《不能承受的生命之轻》中的主人公托马斯做了玻璃擦洗工，薇拉·昆德拉试着去布尔诺的一个集市餐厅“洗碗帮厨”，但没能如愿。幸运的是，几年前她想出了学习英语的好主意，于是在家里给人上私教课。“这是不允许的，但是他们没找我们的麻烦。要知道我们的电话是被监听的，或者他们很蠢，或者他们故意不来纠缠我们。”薇拉在电话中笑着对我说。而米兰这时候则用笔名给一份面对青年人的热门杂志《青年世界》的星相学专栏撰稿，他为每一个星相、每一个上升星座配诗。他还用笔名发表了一个剧本：《雅克和他的主人》，一九八九年“天鹅绒革命”后，这部剧上演的时候依然沿用了当时的笔名。这篇剧作穿越了国境，也跨越了年龄界限：一九九二年，初中四年级的马克龙选择了这个剧本并在他的法语老师面前表演，这位老师后来成为了马克龙夫人。

尽管不是心思细腻的心理学家，国家安全局的官员们还是认为自己很懂昆德拉：对他来说，重要的是继续写作。这难道不是离开这个国家的充分理由吗？为弄清他的意图，从一九七四年开始，内政部或是国家安全局就频繁传讯他。国家安全局位于巴托洛缪街，薇拉就此特别向我说明，那是“一条很小的街，长度差不多是我们在巴黎这条巷子的两倍”。

彼得·齐德克对我说：“警方猜测昆德拉愿意流亡，并为此感到高兴。共产党政权也意欲摆脱他，于是，从一九七四年开始，他们不遗余力地为他创造条件。”作家在法国有很多朋友，尤其是出版商朋友。或许他会设法去巴黎。

第五章

雷恩二大，或生活在别处

这一次，国家安全局又搞错了。

一九七五年七月二十日，星期天，一辆车牌号ABX 5182的蓝色雷诺5轿车（并不是秘密警察档案所记录的红色）离开捷克，朝着慕尼黑方向向德国边境驶去。前排坐着昆德拉夫妇，他四十六岁，她三十九岁，后排是装满书籍的纸箱、五十来张黑胶唱片、行李箱、几条连衣裙。出发前，薇拉拜访了莱茨尼切克先生、一个占星师。关于昆德拉夫人，他只知道她的星座。薇拉告诉我："我记得他对我预言道：'你这个小天蝎，你不会死在波希米亚的。'" 昆德拉向来喜欢研究星相及其对命运走向的预测。

夫妇俩没有带走所有的东西，米兰的笔记就留在了布拉格。作家把它们托付给了法国驻捷克大使馆的文化参赞让-希尔万·普拉多。昆德拉在一篇留存在布拉格法国文化中心的鲜为人知的小文中写道：参赞经常招待他"与科西克、普雷斯利基克、科霍特等人共进晚餐，我们这些人在那时候已经成为‘贱民’、靠边站的人、‘活死人’，参赞以此表明他支持我们，和我们在一起”。在留给法国文化参赞（代为保存，等回到法国再交还给他）的珍贵包裹里，“就有尚在卡片状态的《笑忘录》和《不能承受的生命之轻》”。

昆德拉夫妇知道有人在等待他们的到来。每次女编辑柯莱特·杜阿梅尔与克洛德·伽里玛离开布拉格时，她总是在作家耳旁重复同一句话：“米兰，有朝一日，也许我们法国见……”这一次很快就能如愿了。七月二日，他们拿到了七百三十天的流亡许可，七月十二日拿到了护照。八天之后，俩人锁上在摩拉维亚州布尔诺普基诺娃街的房门，就此奔向柏林墙倒塌前人们所说的“西方”。

没有人跟踪他们，这是一次没有密探相随的逃离。二〇一九年，薇拉在接受《主宾》杂志采访时确认：“捷克共产党政府很高兴终于摆脱掉米兰。”只是，他们的未来也一下子支离破碎了。未来会把他们带往何方呢？米兰留下了母亲，薇拉伤心欲绝地辞别了父母。他们还不得已把狗狗托付出去，在昆德拉的书中，这种动物总是比人更幸福，因为它对激情、背叛和通奸一无所知。

薇拉说："我当时确信自己再也回不了布拉格了。我一直是一个彻底的悲观主义者。在那个时候，谁能想象铁幕并非永恒而柏林墙十三年之后会倒塌呢？"一九七五年那个夏天，她丈夫的精神状态却完全不同。在他看来，流亡只是一段插曲，离开布拉格几个月后，他对德国《欧洲思想》杂志解释道："我有权返回捷克，这对我无比重要。做一个永久移民会让我抑郁。"

雷诺5穿过巴伐利亚州，一路向前。薇拉回忆道："斯特拉斯堡、兰斯、亚眠、奥尔良、特鲁瓦……我们沿途参观了所有的大教堂。"旅行的终点站是雷恩。为什么是雷恩？一连串的因缘巧合所致，和她丈夫在一起经常这样。

法兰西学院院士、与昆德拉同龄的九十一岁作家多米尼克·费尔南德斯向我透露：整个历险都是一年前在巴黎策划的，契机是一次为昆德拉举办的招待会。

一九七三年，法国美第奇文学奖最佳外国小说奖授予米兰·昆德拉的《生活在别处》。拖延了一年以后，捷克政府于一九七四年春天同意为昆德拉颁发十五天的签证，去巴黎领奖。

那天傍晚，大家来到佳拉·巴比桑的寓所等待获奖者。佳拉·巴比桑那年七十岁，是美第奇奖的共同创办人，俄罗斯人，一九三五年从苏联移民嫁给了一个富有的意大利实业家。多米尼克·费尔南德斯告诉我："这是一个自由的女人，既是斯大林主义者又是百万富翁。在决定把奖颁给昆德拉之前，她曾问我：'多米尼克，您认为我可以把奖项颁发给我祖国的敌人吗？'"

这位文学赞助人把评委聚集到自己在蒙马特高地科尔多街乡间别墅式的私人公馆。米兰把薇拉留在了捷克。当获奖者孤独修长的身影出现在沙龙时，所有的目光都转向了他。费尔南德斯接着对我说："当时谁都不认识他。他告诉我们，布拉格的日子简直没法过，他必须要走出家门才能和妻子说话，到处都是窃听

米兰·昆德拉在巴黎街头，1973年10月

器……”那天晚上，昆德拉用低沉的声音悄悄对他们说：“我很想在你们国家找份工作。”

在谈到自己的好友、另一位捷克作家同时也是爵士乐爱好者的约瑟夫·什克沃雷茨基时，昆德拉写道：仿佛一切命定，“每个人可能自少年起，身上就背负着一个未来流亡之地”。什克沃雷茨基言必称北美，现生活在多伦多①。而昆德拉本人在孩提时代就和钢琴家父亲去过好几次巴黎，父亲是阿尔弗雷德·柯尔托②的追随者，（米约、奥里克、普朗克等）“六人团”③发烧友。踏上流亡之路的时候他想起了这些吗？不管怎样，法国是他的首选。

不过，绝对不能偷渡逃跑：他要合法流亡。费尔南德斯强调说：“持不同政见者这个角色不适合他。他不愿意产生政治误会。于他而言，最为重要的，是做一名作家。”昆德拉的另一位“贵

① 约瑟夫·什克沃雷茨基已于2012年去世，见第四章注释。

② Alfred Cortot（1877—1962），法国钢琴家、指挥家。

③ 指二十世纪前期法国六位作曲家：奥里克、迪雷、奥涅格、米约、普朗克、塔勒费尔。“六人团”的说法最初由法国音乐评论家科莱于1920年提出。

人”菲利普·索莱尔斯[①]更是进一步认为：“昆德拉不愿意成为东西方关系的一个玩偶，这就是小说家著名的‘自我优先’……”一九八〇年代，索莱尔斯在自己的《无限》杂志上发表昆德拉的随笔，这些文章后来也收进了《被背叛的遗嘱》。

参加这次晚宴的评奖委员会成员还有露西·富尔[②]，她丈夫埃德加·富尔时任国民议会议长，是第四共和国不断更迭的政府中的“不倒翁”，在戴高乐将军和蓬皮杜执政时都曾出任部长。露西·富尔（在捷克国家安全局的档案中被记录为“富尔洛娃”，即富尔夫人）曾经做过艺术装裱师、杂志主编，后来成为小说家，醉心于描写嫉妒之情、不伦之恋。《好笑的爱》中模棱两可的人物让她饶有兴趣。也许她会为了助昆德拉一臂之力，把他的境况告诉自己的丈夫。

一九七四年五月八日，昆德拉在克洛德和西蒙娜·伽里玛为

① Philippe Sollers（1936—　），法国小说家、批评家、思想家。

② Lucie Faure（1907—1997），法国小说家。

他举办的晚宴上再次见到富尔夫人，并且也见到富尔先生。晚宴地点在出版社顶楼的私人餐厅，昆德拉此行临时住在这里。小说家克洛德·莫里亚克[①]在他的日记《静止的时间》中记录了晚宴的情形。当时距离总统选举仅剩几个星期，密特朗和德斯坦的对决左右了所有话题。戴高乐和蓬皮杜曾经的部长埃德加·富尔口若悬河、不停自吹自擂。典型的巴黎晚宴，特权者们争论不休，在一旁默不作声的昆德拉可能心里会这样想。跟莫里亚克搭话的时候，他解释说自己不信任捷克当局，担心“不知怎样就会惹上麻烦”。

幸好多米尼克·费尔南德斯一直对他关爱有加。在佳拉·巴比桑的那次招待会上，他就想到一个主意：他自己在雷恩二大教授意大利语，为什么不给昆德拉申请一个职位呢？他告诉我说：“昆德拉离开巴黎后，我向雷恩大学董事会建议，邀请他做副教授，董事会同意了。埃德加·富尔直接介入，为他办理了居留证。”正

---

① Claude Mauriac（1914—1996），法国作家、记者，1952年诺贝尔文学奖得主弗朗索瓦·莫里亚克的长子。

是这些保护人的关照，捷克小说家才得以于一九七五年秋季学期开始讲授文学概论和比较文学课程。

由此我们可以理解，为什么昆德拉夫妇在这一年七月二十五日来到雷恩。他们借道布尔诺斯卡街，即“布尔诺小路”，进入雷恩市，两座城市十年前曾结为姊妹城市。背井离乡之人最初的流亡回忆永远无法在记忆中全部抹去，半个世纪过去了，薇拉在电话里依然为这个小巧合开心不已。

当时，布列塔尼大区的首府雷恩有些沉闷，与今天青春洋溢的大学城无法相提并论。很显然，昆德拉根本看不出本地作家米歇尔·莫尔[①]在战前描写雷恩时赋予这座城市的魅力。在后者笔下，鹅卵石街道、十八世纪的私人宅邸以及梅肋尼亚圣母堂钟楼让人流连忘返。昆德拉对自己的新同事费尔南德斯调侃道：“我本以为布尔诺是世界上最丑的城市，结果发现还有雷恩……”在抵

① Michel Mohrt（1914—2011），法国作家、文学史家，曾获法兰西学院小说大奖、龚古尔文学奖。

达布列塔尼当晚，惆怅难平的夫妇俩驱车继续驶向大西洋。他们来到圣马洛的西永海滩，夏多布里昂墓园就在对面的格朗贝岛上。

他们在雷恩城西两座高层建筑中的一座——“地平线”塔楼顶层租了一间公寓，房号303-B，这编号方式与布拉格式的官僚主义倒是有所呼应。这栋建筑高达百米，从上面望出去，整座城市尽收眼底，但也可以由此极目远眺驰骋想象。昆德拉在《笑忘录》中写道：“当太阳将我唤醒时，我明白了，那些大窗户是朝东开的，朝着布拉格的方向。”远在两千公里之外的他在用目光寻找自己的书中人物：“我的眼中有一滴泪，它就像望远镜的镜片一样，让他们的脸离我更近。”

一九七六年，雷恩大学迁离中心老城，搬往城郊的维尔让-马利夫区。费尔南德斯说：“我那时住在巴黎，每星期一通勤去雷恩教意大利语。米兰到火车站接我，带我去他家吃午饭。薇拉烧捷克菜，往里面放罂粟籽。”她笑道：“我的客人们以为我们要给他们吸食毒品呢，因为他们只知道罂粟是用来制造鸦片的。”室内圆形墙壁上装饰着昆德拉自己制作的图画、瓷器和小雕塑，但不太容易布置。费尔南德斯院士记得，“学校的木工还来到他们家做了一个书架”。

雷恩二大拥有开放的传统，比如，一九七〇年到一九七二年间，未来的葡萄牙总统马里奥·苏亚雷斯就曾经在此授课。昆德拉的授课主题是卡夫卡及其译者、小说和中欧。如果马蒂厄·加莱[①]详尽的《日记》所言无误，一九七八年一月十七日，在瑟伊出版社出版过弗吉尼亚·伍尔芙评论集的薇薇安·弗雷斯特[②]来到雷恩拜访昆德拉。见面后她对昆德拉说：“我特别想学捷克语。”昆德拉幽默地回答：“这个主意太有趣了！这门语言非常难，我自己学起来都很吃力。”接下来的段子他只讲给自己的朋友们听：薇薇安·弗雷斯特坚持要学习捷克语并为自己找借口说，绝对要用“原文阅读《诉

---

① Matthieu Galey（1934—1986），法国文学批评家、作家。

② Viviane Forrester（1925—2013），法国小说家、记者、文学评论家。

讼》"，昆德拉并没有冒昧地提醒她，卡夫卡是用德语写作的。

最初几天的忧郁过后，昆德拉夫妇缓过气来。"不是彻底解放，而是一时放松，像度假一样"。一九七〇年代后半段，昆德拉夫妇从外省开始了解法兰西。薇拉每天都和小贩、看门人、酒吧老板"唠家常"。什么对她来说都很新奇。她要买"辣根（raifort）"，人家就把发音相近的罗克福（Roquefort）奶酪拿给她。为了找到辣根，她在超市把每种芥末酱的小罐都打开，"品尝了所有芥末酱，可能有二十种"。"一天，我往雷诺5上贴了一块不干胶，'我是布列塔尼人，我自豪'，几个小时后车就被偷走了。"薇拉·昆德拉是细节控，并且善于在不经意间捕捉寻常事物中的反讽意义，这一点在她丈夫的小说里有所体现。

在昆德拉讲卡夫卡的时候，薇拉在学校里听文学课。他们来了还不到六个月，校园里就发生了长时间的学生骚乱。对于一个刚离开捷克的人来说，这是怎样的景象！一个曾经的文学院学生风趣地告诉我："想象一下这有多么荒谬：一个捷克流亡者带着昆虫学家的目光观看一群很业余的青年革命者笨拙地在阶梯教室重演巴黎“五月风暴”时占领索邦大学那一幕，而那座阶梯教室又从‘夏多布里昂’改名为‘乌尔丽克·迈因霍夫[①]’，她可是德国极左组织‘巴德尔和迈因霍夫集团’的恐怖分子。所幸的是，我们这一小撮学生每星期与昆德拉见面，他让我们擦亮双眼……”

移民，就是建立新的朋友圈。据国家安全局档案记载，副教授身份只能保证每月7 212法郎（1 099欧元）的工资，外加“685法郎的外派津贴”。对此，薇拉·昆德拉笑言：“幸运的是，有朋友借给我们一些小碗小勺。”

昆德拉夫妇发现了法国的一个体制化礼仪：聚餐冗长拖沓，话题绵绵不绝。一年前薇拉在《主宾》杂志上还用这事打趣说：“捷克民族不了解这个在法国社会延续数百年的古老习俗。派对、

① Ulrike Marie Meinhof（1934—1976），德国记者、恐怖分子，和巴德尔创立左翼恐怖组织“红军旅”，又称“巴德尔和迈因霍夫集团”。

宴会、沙龙：正是这些支撑着法国，使这个国家即便被萨米人占领也不会走向覆灭。”

那时候在法国，人们对昆德拉夫妇充满好奇，他们时不时接到来自各地的邀请：布列塔尼、普瓦图-夏朗德、巴黎。在尼奥尔附近，米兰又见到了他的一个“邮递员”，他以此称谓那些往返于捷克和法国之间的人。外交官让-希尔万·普拉多和妻子玛蒂娜打电话邀请他们到自己的乡村别墅小住，这对夫妇从捷克回国休假，还带来了作家那些重要的创作笔记。昆德拉在“布拉格法国文化中心的故事”一文中写道：“我们度过了特别美好的两天，这是我们第一次近距离了解法兰西。”

第二年夏天，一位文学教授在美丽岛①接待他们，带他们去发现这个巴黎左岸人士的度假胜地。房子离普兰灯塔不远，也许是在劳克马里亚的布里克磨坊②附近。由此开始了夏季甜蜜假日的时光。

---

① Belle-Île-en-Mer，法国布列塔尼大区最大的岛屿。

② 灯塔和磨坊分别位于美丽岛的两端。

奥罗尔·克莱芒，米洛斯·福尔曼和米兰·昆德拉在美丽岛，1976年11月

有谁会知道呢？正是在这里，在一九七六年夏天，《笑忘录》结稿成书。薇拉说："我出发前没听米兰的建议，随身带上了他的打字机。六个星期里，他口授我打字，完成了这本书的初稿。我们穿着泳衣喝着葡萄酒在花园里工作。"有时候，薇拉会有波希米亚式的忧郁。在"布拉格之春"之后的"规范化"时期[①]，他们还在布拉格的时候，她丈夫就说过："我写作是为了让薇拉开心。"在一九七六年这个烈日炎炎的夏日里，他口授自己的书也是为了不让薇拉看着他的打字机难过。

这年夏天，历史学家皮埃尔·诺拉[②]在美丽岛遇见了自己的朋友克洛德·鲁阿：作家、《新观察家》记者、当时颇具影响力的人物。鲁阿正跟昆德拉一起度假，作家的每部作品他都撰文鼎力支持。大家在沙滩上彼此介绍相识。当时诺拉正在筹办《辩论》杂

---

① 通常指捷克斯洛伐克自"布拉格之春"至"天鹅绒革命"（1968—1989）这段历史时期。

② Pierre Nora（1931— ），法国历史学家、法兰西学院院士。

志，这是伽里玛出版社的思想学术刊物。美丽岛相识让他们建立了友谊。几年后，诺拉对昆德拉发出召唤："写一本你本人的词典吧，你的关键词、你的问题词、你喜爱的词……"《辩论》杂志发表了有六十九个词的小词典，后来这些词汇收录于《小说的艺术》中。

开学的铃声提醒"外省教授回归匿名生活"，至少昆德拉是这么认为的。但他所不知道的是，自己的所有活动、言行举止一直被跟踪到布列塔尼。这是捷克国家安全局的档案目前透露出来的。秘密警察想知道"流亡者"是否对一九六八年开始实施的"规范化"持有批评意见，在布拉格时，彼得·齐德克向我解释道："这最终给当局剥夺他的国籍提供充分的理由。"为此，必须对他密切监视。

这些被挖掘出来的文件证实了这样一件事：一九八〇年前后，为了监视昆德拉，秘密警察曾与雷恩的两个捷克语教师合作，但是收效甚微，因为米兰总是和自己的同胞保持距离。秘密警察于是玩了一个相当肮脏的把戏。他们在布拉格召集了所有与昆德拉夫妇保持联系的人。彼得·齐德克解释道："为了恐吓他们，警察告诉他们说，昆德拉与帝国主义特工合作，从事间谍活动。"这也是一种威慑昆德拉本人的方式。如果他回国，就可能因为这个莫须有的活动而遭到审判。

一九七八年，昆德拉打算搬离"地平线"塔楼。即便他们搬家不是为了返回捷克，国家安全局也追踪了所有前期准备工作。

薇拉·昆德拉很清楚，他们不可能再返回布拉格了。既然如此，他们更愿意在巴黎生活。皮埃尔·诺拉猜到了这一点："早在一九七六年，我就把昆德拉介绍给了弗朗索瓦·傅勒，为了让傅勒能够帮助他。"傅勒是法国社会科学高等研究院的院长，研究法国大革命历史的权威专家，曾经加入法国共产党，后来成为激烈的反共人士，对持不同政见者关怀备至。为什么不把这些人都聚集到一个由昆德拉主持的研讨课上呢？

第六章

巴黎小说工作坊

在巴黎开始上课的这个星期一，昆德拉穿的是黑色高领毛衣，还是藏青色衬衫？没有留下记载，大家的回忆也不尽相同。

米兰·昆德拉脱下外套，把鸭舌帽放在桌子上。此时是一九八〇年，这一天是这位捷克作家的首场研讨课。授课地点在巴黎帕西街区拉图尔街，离一家精品内衣店不远——几乎所有听过课的人都还记得。十几年间，在社会科学高等研究院，昆德拉向大约四十个特许人士开启了他的文学万神殿。

他的听众还记得，在第一堂课上，他挥手在黑板上画出一张欧洲地图，标记出布达佩斯、维也纳和布拉格组成的魔力三角，邀请大家一起去发现中欧文学这片未知的土地。

昆德拉在开场白中预先阐明："在法国，你们不明白，卡夫卡不是一个悲剧作家，而是喜剧作家，读卡夫卡应该笑才对。所以首先要把所有'卡夫卡专家'忘到脑后。"在他看来，这些专家用自己的学识掩盖了卡夫卡的世界。“请回顾一下《审判》的开篇：早晨，两个男人来到K家中。K还没有起床就被告知自己被捕了。场面非常荒唐可笑。当卡夫卡第一次把这一章节读给他的朋友们听的时候，所有人都笑了起来。”

法国社会科学高等研究院一般不开设需要大讲台和阶梯教室的公共课程，正如皮埃尔·罗桑瓦龙[①]笑谈的那样：“在这里，你会遇到朋友，和他们讨论你最新出版的图书，时不时就会有某个学生从这奇妙的课程中受益。”这是大学体系的一个“化外之地”，在这里既能遇见罗兰·巴特、德里达，也能遇见福柯、列维-斯特劳斯。

每星期一，与大学研讨课里常见的听课学生迥然不同的各式听众围坐在U形桌子旁，聆听这位语调缓慢、目光忧郁的英俊作家讲课。来这里听课的人员很杂，其中有三位住在巴黎十六区的罗马尼亚裔贵妇，珍珠、戒指、大红指甲耀眼夺目，小说家西蒙

① Pierre Rosanvallon（1948—　），法国历史学家、社会学家。

内塔·格里吉奥[1]戏谑道:“每当老师讲到精辟之处，那三只烫卷毛的大喜鹊都发出性高潮般的欢叫。”听课的还有一个犹太拉比（吉尔·伯恩海姆[2]）、一个斯洛文尼亚天才盲人摄影师（叶夫根·巴夫卡尔[3]），此外还有一些自修生、几个美国人、两个翻译、一个一文不名的意大利女孩儿……”说到自己，西蒙内塔解释说:“我是通过阅读昆德拉学习法语的。所有我知道的大作家都去世了，终于遇到一位活的。”

每个星期，昆德拉都从背包里掏出一个塑料文件夹，他从里面抽出卡片，有时是图表。在布拉格电影学院教书时，他讲课从来不做备课笔记。但是，自从一九七五年在雷恩二大授课开始，他就熬夜备课。薇拉说:“他一句一句把讲义写下来，累得筋疲力尽，用外语即兴发挥太难了。我们刚来的时候他的头发是黑的，六个月之后就变成了灰色。”每个星期一，在利特雷街他们租住的

---

① Simonetta Greggio（1961—　），意大利小说家，用法语写作大量作品。

② Gilles Bernheim（1952—　），曾为巴黎地区拉比，自2009年起担任法国犹太教长。

③ Evgen Bavčar（1946—　），斯洛文尼亚哲学家、摄影师。

寓所，薇拉都为他准备两张地铁票，以及下课后去咖啡馆小聚喝一杯的零用钱。据说教授从来不逗留太久，每星期一薇拉都会留意他回家的时间。

这些每星期一次的研讨课没有录音。幸好，还有拉基斯·普罗吉迪斯[①]，这位移民到巴黎的希腊共产党员、工程师是这些研讨课的活记录。他通过阅读《笑忘录》学习了法语，作为第一批学员注册了“大师”的课程，一直到一九九四年停课，他从未缺席过一次课程，哪怕是在一家希腊餐馆工作的时候。讲到这些美好的岁月时，普罗吉迪斯情不自禁带着希腊口音细述：“昆德拉前两年讲卡夫卡，后来，顺序不一定确切，用了两年讲赫尔曼·布洛赫，一年讲陀思妥耶夫斯基，接下来……”

这位捷克作家没有他的朋友科内利乌斯·卡斯托里亚迪斯[②]那

---

① Lakis Proguidis（1947— ），希腊裔法国作家、文学批评家，1993年创办杂志《小说工作坊》。

② Cornelius Castoriadis（1922—1997），希腊裔法国经济学家、心理学家。

般的神力，后者每星期三在同一间教室挥洒自如侃侃而谈。在西蒙内塔·格里吉奥看来，昆德拉略显单调的声音里隐藏着“一种近乎羞怯的谨慎，或反之，近乎谨慎的羞怯……他似乎总是处于守势，仿佛看不到听众，也对过度亲近或热情四溢心存戒备，这是中欧文化的一个特征”。不过在女学生们看来，这样反而既魅惑又神秘。

昆德拉没有从教的志向，并且，他也不打算指导硕士或博士论文。他从讲课中享受到乐趣吗？不确定。他热衷于讲课，是因为他不只是在讲文学，而是在讲*他的*文学。吉尔·伯恩海姆拉比告诉我：“他让我明白一个道理，要想了解一个人，必须首先去了解他喜欢读什么书。”

昆德拉为听众敞开了他的理想图书馆大门，他朗诵奥地利作家罗伯特·穆齐尔的《没有个性的人》，深入分析他钟爱的赫尔曼·布洛赫的《梦游者》，带领大家发现布拉格作家、讽刺大师雅洛斯拉夫·哈谢克的《好兵帅克》。他在课堂上邀请南斯拉夫作家丹尼洛·契斯[①]、波兰作家卡齐米日·布兰迪斯[②]，后者还在自己的回忆录中写过这件事。此外，他还邀请了他的朋友阿格涅丝卡·霍兰[③]，当年她在解读安杰伊·瓦依达[④]的电影《丹东》，现如今已经执导了《火线》《纸牌屋》系列剧。

对于昆德拉来说，研讨课也是一个发展并深化自己的小说创作艺术理念的绝佳实验场，这些理念后来都在《小说的艺术》《被背叛的遗嘱》《帷幕》中得以再现。这仿佛是一间"小说工作坊"，而"小说工作坊"正是普罗吉迪斯一九九三年创办的杂志（及小型同仁会）采用的名字，很多反对学院派文学的独立创作人都曾出入其间，其中就有年轻的维勒贝克[⑤]。

U形桌子旁，一位三十岁的棕发博士生站在昆德拉身旁，他

---

① Danilo Kiš（1935—1989），又译达尼洛·基什，南斯拉夫犹太裔作家。

② Kazimierz Brandys（1916—2000），波兰作家、评论家、编剧。

③ Agnieszka Holland（1948—　），波兰导演、编剧、制片人。

④ Andrzej Wajda（1929—2016），波兰著名导演、剧作家，2000年获奥斯卡金像奖终身成就奖。

⑤ Michel Houellebecq（1956—　），法国小说家、诗人和电影导演，小说《地图与疆域》获2010年龚古尔文学奖。

就是克里斯蒂安·萨尔蒙，那时他是一个年轻的马克思主义者，博士论文的主题是布尔什维克革命。他们的相识纯属偶然，当时他为《解放报》去采访昆德拉，两人相见恨晚，于是萨尔蒙成为这个奇特研讨会的第一任助理，后来由普罗吉迪斯接任，普罗吉迪斯还记得："八十年代初，昆德拉很流行。"后来成为法兰西学院院士的达妮埃尔·萨乐娜芙[①]和哲学家阿兰·芬基尔克劳也加入了这个圈子。

随着《不能承受的生命之轻》大获成功，猎奇之人和唐突之士、追星族和崇拜者纷至沓来。召唤"米兰"之声不绝于耳……从一九八四年起，他认为必须与世隔绝。于是同样的故事又回来了，深居简出让人心生好奇，隐迹匿身反致灯光追逐。薇拉·昆德拉在《主宾》采访中确认："当有摄影师开始骚扰他、有陌生人在路上拦截他的时候，我们到法国以来，他第一次进入了慢性抑

① Danièle Sallenave（1940— ），法国作家，2011年当选为法兰西学院院士。

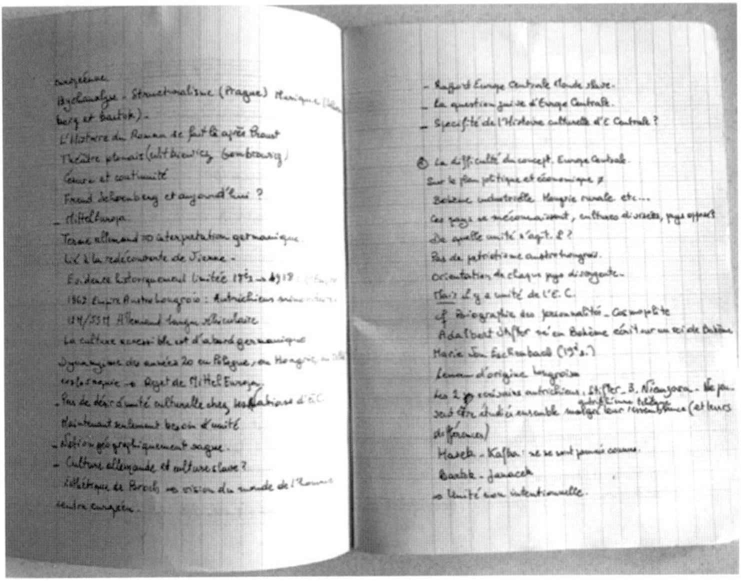

européenne
Psychanalyse - Structuralisme (Prague) Musique (Schönberg et Bartok).
L'Histoire du Roman se fait là après Proust
Théâtre polonais (Witkiewicz, Gombrowicz)
Césure et continuité
Freud Schoenberg et aujourd'hui ?
– Mittel Europa.
Terme allemand → interprétation germanique.
Lié à la redécouverte de Vienne -
Évidence historiquement limitée 19e s. → 1918 : l'Empire
1867 Empire Austro-hongrois : Autrichiens minoritaires
1848 Allemand langue véhiculaire
La culture accessible est d'abord germanique
Dynamisme des années 20 en Pologne, en Hongrie, en Tchécoslovaquie → Rejet de Mittel Europa
- Pas de désir d'unité culturelle chez les nations d'E.C.
Maintenant seulement besoin d'unité
- Notion géographiquement vague.
– Culture allemande et culture slave ?
Esthétique de Broch → vision du monde de l'homme centre européen.

– Rapport Europe Centrale monde slave.
– La question juive d'Europe Centrale.
– Spécificité de l'Histoire culturelle d'E Centrale ?

① La difficulté du concept. Europe Centrale.
Sur le plan politique et économique ≠
Bohême industrielle Hongrie rurale etc…
Ces pays se méconnaissent, cultures disjointes, pays opposés
De quelle unité s'agit-il ?
Pas de patriotisme austro-hongrois.
Orientation de chaque pays divergente.
Mais il y a unité de l'E. C.
cf biographie des personnalités - Cosmopolite
Adalbert Stifter né en Bohême écrit sur une île de Bohême
Marie von Ebner-Eschenbach (19e s.)
femme d'origine hongroise
Les 2 grands écrivains autrichiens, Stifter - B. Niemcova - peuvent être étudiés ensemble malgré leur ressemblance (et leurs différences)
Hasek - Kafka : ne se sont jamais connus.
Bartok - Janacek
→ Unité non intentionnelle.

参加过米兰·昆德拉研讨课的文学评论家诺贝尔·查尔尼当年的课堂笔记

郁的状态。”

一九八〇年代中期，传统的好小说无人问津。在大学文学院或法国高等师范学院的文科预备班里，大家都研究萨洛特和罗伯-格里耶，通过结构主义批评解读文本。那个时代最时髦的词汇是解构。托多洛夫[①]和热拉尔·热奈特[②]成为大师。我记得大家乐此不疲，但有时忽略了叙事本身的乐趣。

昆德拉则不然，他体现了另一种前卫性。对于挖掘个人生活隐秘的自传体书籍（那时候还没有“自我叙事”的说法），他不以为然，并写道：“把自我强加于他人，这是强权意志最怪诞的表现形式。”他更喜欢探究新的领域，在小说中把沉思和叙事结合在一起。

时代的萎靡不仅仅表现在文学上。萨尔蒙说：“在昆德拉的研

① Tzvetan Todorov（1939—2017），保加利亚裔法国文学理论家、结构主义符号学家。

② Gérard Genette（1930—2018），法国文学批评家、叙事学家。

讨课上，意识形态和思想大师的孤儿们聚集在一起。”他还对我阐明说，一九八〇年代初的马克思主义危机“标志着政治解放的宏大叙事走到尽头，并且开启了一个新的历史阶段”。萨尔蒙的畅销著作《说故事》能够对二〇〇〇年代的媒体叙事剥茧抽丝，很大程度上得益于这些年的研讨课。在一九八九年柏林墙倒塌到二〇〇一年“9·11”事件之间，昆德拉填补了一个空白。波兰作家维托尔德·贡布罗维奇的研究专家让-皮埃尔·萨尔加曾经在一次研讨课结束时对萨尔蒙悄声说：“昆德拉可以成为另一个萨特。一个反意识形态的萨特……”

第七章

入籍法国

昆德拉是“潮流”，雅克·朗明白这一点。这位前文化部长坐在阿拉伯世界研究中心的全景办公室里，他一边带人欣赏巴黎的视野，一边回忆过去：“自一九八一年五月弗朗索瓦·密特朗当选总统起，我们就探讨如何展现更多的象征性和政治性姿态。”

两年以来，昆德拉一直处于无国籍状态。一九七九年，布拉格共产党政权终于找到借口剥夺了他的国籍：《新观察家》杂志上发表的《笑忘录》的大段节选和《世界报》的采访，在采访中他悲叹“布拉格之春”被镇压之后“对捷克文化的屠杀”。薇拉在电话中告诉我：“我明白，我们不会再回捷克了。于是我一个人回去安排我父亲和米兰的母亲的生活，米兰的母亲一直住在布尔诺普基诺娃街自己的房子里。我还把《不能承受的生命之轻》的创作笔记送到法国大使馆，后来，他们通过外交信袋把笔记寄给了我们。在回法国前，我被警方审讯了七个小时。”

雅克·朗回忆说："当时传言，昆德拉入法籍的事情被德斯坦总统搁置了。所以，一九八一年七月，我决定让昆德拉加入法籍，和在法国生活了三十年的胡里奥·科塔萨尔一样。"入籍仪式在瓦卢瓦街法国文化部的热罗姆厅举办。身穿浅粉色外套的文化部长在致辞中表示"无比喜悦、荣幸之至"，昆德拉穿的是天蓝色高领毛衫，答谢说"非常高兴"自己的"第二祖国"法国今天变成了"第一祖国"。

昆德拉无法向密特朗致谢，因为总统不在场。十年后，他用自己的方式表达了谢意。在一九九〇年出版的小说《不朽》中，有几段文字涉及国家元首的形象：刚刚当选的密特朗来到先贤祠，像"土地测量员"一样，打量着这座通往不朽的门厅。他在小说中写道："密特朗和死人亲近，这说明他非常聪明，因为死人和不朽是一对难舍难分的情人。谁的脸和死人的脸相似谁就是不朽的活人。"总统看到了这一段落，那时他正在病痛中继续他的第二个任期，没有人能猜想到，他已患病十年。

一九九一年，前文化部长安德烈·马尔罗的女儿、导演弗洛伦丝·马尔罗打电话给薇拉·昆德拉，说密特朗希望与作家会面。午餐安排在小说家弗朗索瓦丝·萨冈家中。密特朗拿着《不朽》走进来，在手中翻开后放在钢琴上，递给昆德拉一支笔："我看到您在这本书里写了几句关于我的话，您能给我写句话吗？"据《主宾》杂志采访转述，薇拉·昆德拉看到丈夫脸色发白，"我立刻跑过去悄声告诉他：'两个r，两个t'"。[①]

薇拉继续说："我们成为了朋友，那是一种真正的友谊。我们最后一次见到密特朗是在爱丽舍宫的一次午餐上。那个时候他已经病得很严重了。我们大约有十个人，米兰被安排在总统的右首。"菜单上有米兰讨厌的生蚝。总统命令道："米兰，您把我的那份也吃了吧，我现在没权利吃了，但是至少看到您享用美味，就仿佛我自己也享用了一样。"米兰默默吞下放在他餐盘中的五六个"特级"生蚝。

---

① 指密特朗（Mitterrand）的拼写方式。

作家让-皮埃尔·法耶和米兰·昆德拉在爱丽舍宫受到密特朗总统接见，1981年7月

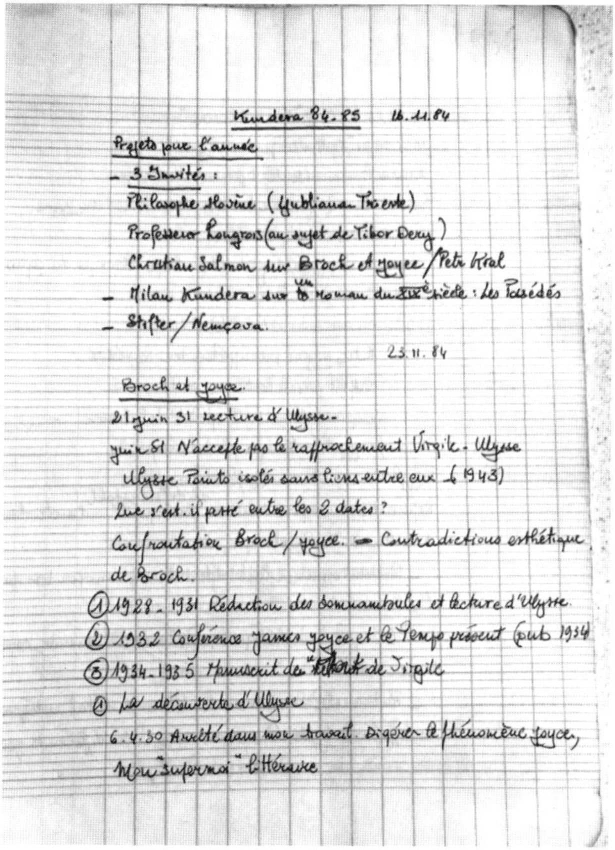

Kundera 84-85 16.11.84

Projets pour l'année

- 3 Invités :

Philosophe slovène (Ljubliana Trieste)

Professeur hongrois (au sujet de Tibor Dery)

Christian Salmon sur Broch et Joyce / Petr Kral

- Milan Kundera sur un roman du XIXe siècle : Les Possédés

- Stifter / Nemçova.

23.11.84

Broch et Joyce.

21 juin 31 lecture d'Ulysse.

juin 51 N'accepte pas le rapprochement Virgile - Ulysse

Ulysse Points isolés sans liens entre eux (1943)

Que s'est-il passé entre les 2 dates ?

Confrontation Broch / Joyce. → Contradictions esthétique de Broch.

(1) 1928-1931 Rédaction des Somnambules et lecture d'Ulysse.

(2) 1932 Conférence James Joyce et le Temps présent (pub 1934)

(3) 1934-1935 Manuscrit de "Retour" de Virgile

(1) La découverte d'Ulysse

6.4.30 Arrêté dans mon travail. Digérer le phénomène Joyce,

Mon "surmoi" littéraire

1984年研讨课笔记

雅克·朗不知道这段轶事，他还有所不知的是，昆德拉的入籍程序早在一九八一年五月总统大选之前就已经启动，源自法国社会科学高等研究院院长、历史学家弗朗索瓦·傅勒和总理雷蒙·巴尔的一次午餐。历史学家雅克·勒韦[①]告诉我："一九七九年春天的一天，傅勒接到经济学家让-克洛德·卡萨诺瓦[②]的电话……他让我们去总理府和雷蒙·巴尔会面。"勒韦那时候是傅勒在学院的亲密助手。至于卡萨诺瓦，他则于一年前和雷蒙·阿隆共同创办了《评论》杂志，同时也在总理府办公厅负责有关教育和大学事宜。

自一九七八年起，昆德拉就在设法离开雷恩，那时他已经在雷恩生活了三年。曾任蒙特利尔麦吉尔大学教授的弗朗索瓦·里卡尔[③]透露说："我们几个朋友在一起商量，试图在魁北克的某所

① Jacques Revel（1942— ），法国历史学家，主要作品《谣言如何威胁政府》。
② Jean-Claude Casanova（1934— ），法国经济学家、自由知识分子。
③ François Ricard（1947— ），加拿大文论家、作家。

大学给他找一个职位。”但是作家在巴黎的朋友们关系更硬，法国社会科学高等研究院的大门即将向他敞开。勒韦提到：“高等研究院一直接纳无法归类的人物。”傅勒与雷蒙·巴尔的午餐结束时，政府总理承诺批准一项预算，用以创立“昆德拉特设”教席。

那时候，米兰·昆德拉在私下里称弗朗索瓦·傅勒为“我的恩人”，但实际上并不怎么听他的话。作为曾经的共产主义者，这位法国大革命历史专家现在想在法国土地上抵制“赤色”影响，并设想在东西欧知识分子之间筑起一座桥头堡。确切地说，这并不是昆德拉的计划。

早在捷克时，处于政治高压和警察密切监视之下的昆德拉就学会了施展伎俩。在法国，他继续玩这一套。在《被背叛的遗嘱》里，作家通过与自己的对话对这一切进行了概括：“您是共产主义者吗，昆德拉先生？不，我是小说家。——您是持不同政见者吗？不，我是小说家。——您是左派还是右派？哪个都不是，我是小说家。”在布拉格时，他拒绝成为持不同政见者。在巴黎，他是不结盟人士。

当其他人在幕后为他积极运作的时候，昆德拉本人则引领着学生赏析自塞万提斯以来的小说“遗产”。克里斯蒂安·萨尔蒙回忆道：“他讲小说史就像能勾连四百年生命线的萨满智者一样。他用一堂研讨课就总结了笑的历史，从拉伯雷开始，经过浪漫主义讽刺文学到果戈理，最后讲到贝克特式的荒诞。小说的历史就是一个回音室，斯特恩受到了拉伯雷的影响，斯特恩又启发了狄德罗，福楼拜的传统由乔伊斯继承，而卡夫卡则让加西亚·马尔克斯明白了写作的另一种可能性……”

他喜欢制造意外。普罗吉迪斯说：“一天，昆德拉来上课时，带来了一台录音机以及斯特拉文斯基和雅纳切克作品的磁带。”当时还是法语老师、后来成为在线报刊《等待那多》文学评论家的诺贝尔·查尔尼也记得：“他还让我们听过克莱芒·雅内坎[①]的《云雀》。”对于昆德拉来说，写作是复调的，和音乐一样，在二十岁的时候，他本来打算以音乐这门艺术为职业的。一九八四年，在

① Clément Janequin（1485—1558），法国文艺复兴时期作曲家，《云雀》又译《小鸟之歌》。

米兰·昆德拉于巴黎家中，1984年8月

《顿呼》节目现场，面对数百万观众，他这样解释说：“在我构思小说时，确实受到音乐方面的某种影响。”

研讨课也留下了一些小传说，比如昆德拉有一天提出的这个问题：卡夫卡四十岁时感染了肺结核，在遗嘱中他要求将他未发表的书稿在他去世后全部焚毁，并把这项任务委托给自己最要好的朋友马克斯·布罗德，但是布罗德没有听他的话，最后《审判》和《城堡》得以挽救下来。昆德拉向听课学生们抛出来一个问题：“假如你是马克斯·布罗德，你会怎样做？”尊重作家意愿服从他，还是为后人着想背叛他？课程结束前，他透露了自己的立场：“我会保存卡夫卡的小说，但不发表他的日记。”昆德拉暗自从这则故事中总结出自己的教训：在离开人世之前，要一直亲自打磨并锁牢自己的作品。

第八章

用法语写作

现在，另一场战争开始了。更秘密，更私己。

这一切始于与阿兰·芬基尔克劳的一次谈话。一九七九年，这位哲学家代表意大利《晚邮报》和法国《快报》周刊采访昆德拉。芬基尔克劳问："为什么《玩笑》中的'绚美'和'绮丽'风格在后来的作品中变得如此'洗炼'和'清澈'呢？"昆德拉不太明白这个问题。为了搞清状况，他重新审阅这部一九六八年在巴黎出版的、标志其走向辉煌的小说。

昆德拉在《玩笑》"最终版"的一个附注里讲述了事情的后续，也许文字略有调整。小说家解释说自己当时"目瞪口呆"，他发誓直到那时才发现自己的小说不是被"翻译"，而是被"改写"了。为了证实这一点，他把强加于他的那些最可怕的"美化式比喻"列了一个清单：捷克语"天空是蓝色的"，在法语里变成了"在雪青色的天空下，十月举起了它华丽的盾牌"；"她开始愤怒地

米兰和薇拉·昆德拉，巴黎，1990年

拍打周围的空气”被翻译成“她的拳头像发飙的风车般发泄着怒气”……

这些夸张的译文出自马塞尔·艾莫南，后来这个名字不再为人所知，原因不言自明。冷战也渗透到了翻译领域：在这个人物周围飘浮着某种丑闻气息。艾莫南于一九四八年加入法国共产党，曾任法国外交部驻捷克大使馆文化专员。但是，早在一九五一年四月二十七日，也就是在他与昆德拉合作十五年前，他曾在布拉格召开媒体发布会，揭露“法国是美帝国主义的奴仆”。他甚至还向捷克共产党政权申请庇护。

昆德拉的第一个译者到底是个什么人呢？一个盲目或狂热的活动分子，还是布拉格的特工？昆德拉最忠实的法文译者、九十五岁的弗朗索瓦·凯雷尔叹息道：“我经常问自己这个问题，如果他是间谍，那也只是一个低级间谍。”

昆德拉的文学盛名抹去了马塞尔·艾莫南和许多其他人的存在。有些更著名的人物也从他的个人史诗中删除了。比如，阿拉贡及其为《玩笑》所做的序言就在“七星文库”中被删除了，就像有些人从官方照片中被剔除一样。弗朗索瓦·里卡尔自一九七八年起一直是昆德拉作品的特许诠释者，他对此的解释是：“对于昆德拉而言，阿拉贡的序言为他的作品打上了过多的政治色彩。”《昆德拉是怎样炼成的》的作者马丁·里泽克证实说，昆德拉是策略大师，“他试图清除自己的过去，这个做法与他小说里的某些人物别无二致”。

二〇一一年，对于进入“七星文库”，昆德拉提出了自己的条件。只收录他“认定”的十一部小说、一部剧作和四部随笔集。没有一首诗歌被收录，三部剧作只留下一部，那篇反响强烈的《一个被劫持的西方或中欧的悲剧》也未列入其中。

有几个人名则从“七星文库”中被完全清除了，比如卡雷尔·戈特[①]。这位有“布拉格的金嗓子、巴尔干的辛纳屈[②]”之称的歌手，用捷克语翻唱了所有西方热门流行歌曲。昆德拉在《笑忘

① Karel Gott（1939—2019），捷克著名流行歌手、业余画家。
② Frank Sinatra（1915—1998），美国著名歌手、演员、主持人。

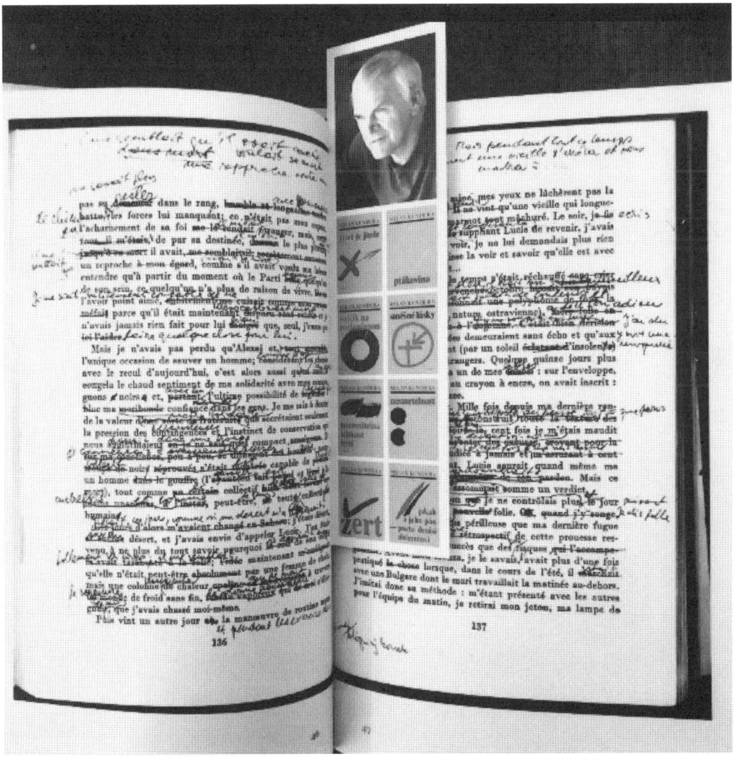

首版《玩笑》法译本及昆德拉所做修改，影印件

录》中取笑他，称其为“音乐的痴傻儿”。是因为这一当地音乐荣光过于本土化，还是这位低吟歌手后来名气太大从而成为戏谑的对象？不管怎样，可怜的卡雷尔·戈特在“七星文库”没有留下任何痕迹。

唯一获得授权的传记就是……作品的传记[①]，没有注疏校勘，也没有创作年表。在两卷本珍藏集的绿底金字书脊和封面上，文集的标题“作品”（Œuvre）采用单数而不是复数（Œuvres）形式，也没有使用“全集”的名称。真是前所未见。

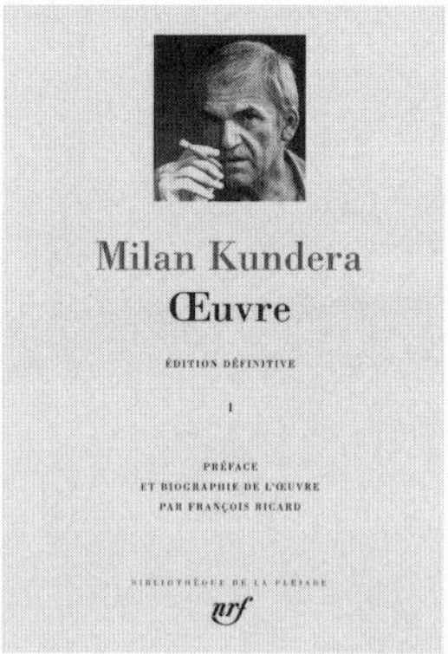

“七星文库”的出版在法国大受欢迎。然而，在远离巴黎氛围、最近几年在文学领域的社会学批评方面有可喜进展的瑞士洛桑大学，人们对此则感到诧异。洛桑大学文学教授热罗姆·梅左孜遗憾地表示：“一切都由作者直接把控，

① “七星文库”版两卷本《昆德拉文集》（*Milan Kundera, Œuvre I, II*）卷首有弗朗索瓦·里卡尔撰“序言及作品小传”。

这与‘七星文库’的传统背道而驰。让作者本人操纵自己作品的出版，这是一个糟糕的主意；一般而言，四十年以后都要推倒重来，圣-琼·佩斯[①]的情况即如此。”

为伽里玛策划“七星文库”版昆德拉作品的弗朗索瓦·里卡尔确认了这一点：“我不是作品的编辑，昆德拉本人才是！我做的是秘书工作。尽管将作家与其个人生活和历史割裂开来的观点今天并不很时髦，他依然彻底捍卫自己身为作者的权利，他反对现今的卡夫卡学家那类学者，他们在作者还活着的时候就迫不及待要抢走作家的作品了。”

昆德拉不想重复卡夫卡的命运，他要在活着的时候就把控一切，尤其是作品的翻译。

按照弗朗索瓦·里卡尔的说法，从一九八〇年代中期《不能承受的生命之轻》获得成功开始，作家即投身于一场“大规模

① Saint-John Perse（1887—1975），法国诗人、外交官，1960年获得诺贝尔文学奖。

重写运动”。他几乎打算逐字逐句地重审捷克语作品的翻译。比如昆德拉就不同意弗朗索瓦·凯雷尔翻译的《好笑的爱》中的这段文字：“他的身体结束了消极抵抗。爱德华很激动！”“激动？”小说家反驳说，这很可笑。“兴奋？”也不好。应该写成：“爱德华勃起了。”一场争执不期而至。凯雷尔说：“坦率讲，我觉得‘勃起’不合适。昆德拉作品中从来没有粗俗的词汇，他的用词很传统。我当时不同意他的建议，现在也不同意，但是我让步了……”

作家亲自执笔修订自己书籍的“最终版”，仿佛实行某种原产地命名控制，并规定“只有作者审定的文字才具备与捷克文本同等的价值”。这对译者是种伤害，凯雷尔就此表示：“我有点儿难以接受。”于是，一九九〇年，这位联合国雇员、曾经的共产主义者，借口自己工作太忙拒绝了《不朽》的翻译。某个名为埃娃·布洛赫的女士接替了凯雷尔。埃娃·布洛赫是谁？翻译圈中从未听说过有此人存在。昆德拉研究专家绞尽脑汁也搞不清楚是谁。芬基尔克劳说："我几乎肯定这就是昆德拉本人，他喜欢故弄玄虚。"里卡尔也一头雾水："他向我发誓说这是一位女性朋友，可又会是谁呢？这套路非常昆德拉……"

仿佛是在从事法译法的翻译：一九九〇年代，昆德拉用在翻译上的时间几乎比用在写作的时间还要多。删改、涂抹，没有一页不做改动，简直偏执到令人眩晕。到了一九九五年，《慢》横空出世，这是第一部简约至极的短篇小说，作品直接用法语写就：这可引发不小的轰动。早在一九八〇年，弗朗索瓦·努里西耶就曾当面为他构想开启一场用法语写作的小型革命，作家当时回答说自己无能为力："我无法想象用另外一种语言写作，我太老了。一部随笔可以，但是小说不行。"克里斯蒂安·萨尔蒙告诉我说："六年后，他还跟我说他永远都无法掌握法兰西语言的丰富词汇。"

用法语写作有一个好处，他的朋友拉基斯·普罗吉迪斯微笑着说："至少这样他就不用再为翻译伤脑筋了。"昆德拉非常现实。

说捷克语的人非常少，而法语则为其作品开启走向世界的康庄大道。加西亚·马尔克斯、菲利普·罗斯、萨尔曼·拉什迪、卡洛斯·富恩特斯、奥克塔维奥·帕斯，所有这些作家朋友都用西班牙语或英语写作。作为第一位来自“小国”的小说家，他必须在全球舞台上捍卫自己的作品。

一天，昆德拉悄悄地对协助他整理《小说的艺术》的克里斯蒂安·萨尔蒙说：“克里斯蒂安，你知道，一个作家一半的才华体现在运筹策划方面。”上个世纪末，在巴黎，那些一向在文学出版界呼风唤雨的人物让位给了国际文学经纪人。马丁·艾米斯、菲利普·罗斯和萨尔曼·拉什迪的出版顾问安德鲁·怀利也成为了昆德拉的顾问。昆德拉一直铭记在心的是，《玩笑》之所以取得意料之外的成功，得益于“布拉格之春”被镇压及苏联占领事件的推波助澜。因此，他对社会学家们所说的一部作品的“接受”的重要性了然于心。这不是与公众的简单相遇，更是一场战斗，而且不只是在自己国家的土地上。

当昆德拉用捷克语写作的时候，巴黎的批评界对他一直宽容以待，他似乎无可非议。用法语写作的一系列新随笔改变了局面。一九九〇年代末，第一波刺耳的声音到来了，比如《解放报》在《身份》出版时评论道："米兰·昆德拉的败笔……风格枯燥乏味，犹如填字游戏的网格。"也是在这个时期，他与先锋派领军人物菲利普·索莱尔斯关系破裂，后者于一九八〇年代曾在巴黎对他施以援手。

两人失和的官方说法，是因为一瓶苏玳贵腐酒。在受邀去昆德拉夫妇在七区的新家共进午餐时，在波尔多长大的作家和出版人索莱尔斯精心挑选了一瓶苏玳酒带过来。如同每次有人给她推荐新菜品或饮品那样，薇拉拿出自己的灵摆悬在酒瓶上方。自打有段时间面部皮肤过敏以来，她就随身带着灵摆，每道菜都要经过灵摆的无情判断才肯食用，哪怕是在夫妇俩钟爱的雷卡米埃餐馆或是受邀去朋友家。导演尼古拉·布里昂松[1]告诉我："我记得有

① Nicolas Briançon（1962— ），法国导演、演员。

米兰·昆德拉在《游戏规则》杂志二十周年庆典现场，巴黎，2010年11月20日

一天昆德拉对我说：'所有的蠢货都相信我看不见的上帝，我只相信我看得见的灵摆。'"

灵摆是薇拉的秘密武器，是她不无狡黠地使用的一个非常实用的工具：有时可以看到她用手指轻轻拨弄吊链。灵摆被她用来赶走不再喜欢或者不信任的人。如果有出版商带了陌生人来家里，它甚至被用来给坐在沙发上的陌生人听诊。那天，当着索莱尔斯的面，灵摆在来自绪帝罗酒庄[1]的那瓶苏玳酒上方发狂摇摆。只不过，波尔多作家和列级酒庄都是开不得玩笑的。索莱尔斯平静地抓起酒瓶，把整瓶酒倒入厨房的水池里。游戏结束，一瓶酒为酝酿已久的朋友失和提供了别致借口。

在绪帝罗酒庄插曲过后不久，索莱尔斯在一篇文章中对昆德拉用法语写作表示遗憾，他的评价是：其作品"受益于翻译"。在一九九八年六月的日记《虎年》中，他认为刚刚出版的《身份》

---

① Château Suduiraut，波尔多苏玳地区一家历史悠久的城堡庄园，1885年被列为波尔多一级酒庄。

“索然无味”。在《一部真正的小说》一书中，索莱尔斯还放出这样一句话：“昆德拉开始用法语写作了。无语。”回想当初，在《被背叛的遗嘱》中，昆德拉还曾对索莱尔斯多番致意，坦言与这位钟爱十八世纪的作家之间“具有亲密的美学因缘”，并且二人皆由他们所共同敬仰的阿拉贡推介成名。

是为了进行报复吗，还是出于更残忍的原因？因为索莱尔斯这个名字对昆德拉全球化的读者来说太无足轻重了？无论如何，昆德拉也难免落入文人相轻的窠臼，而正是这些逸闻轶事滋养了那些喜欢钩沉索隐的评论家，并成为人们饭后茶余的谈资。在“七星文库”中，有关索莱尔斯的文字完全消失了。同样是一笔勾销。

此后，昆德拉的新作首先在国外发行：《无知》二〇〇〇年在西班牙发行，三年后才出版了法语版，《庆祝无意义》二〇一三年在意大利发行，比法语版早了一年。加拿大人弗朗索瓦·里卡尔透露：“这既是市场营销，也表达了对巴黎主流精英的轻蔑。这一出版策略得到了安托万·伽里玛的赞同。《慢》在法国的接受度不高，他们觉得其他地方也许评价会更好。之后果然成功！”昆德拉的作品曾经逃离捷克斯洛伐克，现在它丢弃了巴黎。

第九章

德佛哈塞克事件

正值十月，在巴洛克建筑瑰宝、坐落在布拉格一个山坡上的斯特拉霍夫修道院里，正在举办一场米兰·昆德拉翻译作品展览。去修道院需要经过圣卡拉仁慈修女教会医院旁一条陡峭的小路，踏过铺满小径的一片片金黄色落叶。午后时分，体态丰腴、系着白色围裙的女护士们四散跑开，仿佛《告别圆舞曲》里疗养院的情形再现。

前一天，一个年轻的历史工作者约我在某个有轨电车站见面："我会戴一条红围巾。您带上U盘，我们从那里走开一些再谈。"如此神秘谨慎，让我有一种被带回到五十年前、进入我的研究对象小说里的幻觉。仿佛为了让我理解昆德拉，这座城市和它的居民邀请我进行一场穿越时空之旅。

布拉格没有以昆德拉命名的旅游线路，只有从他的书中跑出来的幽灵。斯特拉霍夫修道院的展览没有吸引多少观众来参观，我不得不拜托门卫，让他找管理人员给我打开昆德拉展厅的大门。展厅内，给各类翻译图书封面做的文字说明卡片使用的是法语，满是拼写错误。我不禁暗自思忖，假如昆德拉看到这个，一定会抓狂的。不过，这个无知无畏的策展人却言明渴望通过这次展览“凸显米兰·昆德拉在博大的世界文学中的重要性”。我独自一人在展板和昆德拉作品口袋书封面的复制品之间徜徉：很多装帧设计使用的是毕加索立体主义时期的图画，仿佛为了更好地表明他如何让封面图案与小说语言相互结合。

巴托洛缪街上也没有任何与昆德拉夫妇有关的标记，这里曾经是国家安全局总部所在地，也是作家和他的妻子曾经居住过的主要街道。在这条街的304号，一家设计师品牌店自豪地用英语炫耀自己的“原创时尚”服装系列，百分百捷克制造。甚至连电影学院也没有想到向昆德拉致敬，这位作品被翻译成四十九种语言的作家一九六〇年代还在这里授过课呢。他的原籍国对他不满，年轻人也没有读过他的书。

对于年纪大的人来说，这不单单是一个无知或漠视的问题。

在捷克共和国流传着这样一则笑话:"哈维尔锒铛入狱，成为了总统;昆德拉出走法国，成为了作家。"这样的玩笑并非无厘头，它道出了无法化解的心结、渐行渐远的疏离，尽管昆德拉最后几本书的捷克语翻译版销量不俗。

早在三十年前，菲利普·罗斯曾经问伊凡·克里玛这样一个问题:"您是否可以告诉我，为什么流亡作家昆德拉让捷克知识分子如此纠结?"法国人不知道伊凡·克里玛是谁，但是他在捷克名气很大，在一九七五年昆德拉流亡之前，人们经常把伊凡·克里玛和《告别圆舞曲》的作者相提并论。克里玛当时回答说:"这是因为他在一九六八年以前一直是共产党政权的宠儿。人们觉得昆德拉'背离'了那些在布拉格与苏联占领者进行斗争的人们。"(引自菲利普·罗斯《为什么写作》)。伊凡·克里玛今年九十岁，一直在布拉格生活。他在做心理治疗师的夫人的诊厅里接待了我，从他那里我了解到，他们与昆德拉之间的联系确实是断裂了。有的人离去，有的人留下。有的人告别人世，有的人不曾忘记……

二〇〇八年秋天，正当米兰·昆德拉继续在巴黎行走在自己的环球作家道路上时，他过去在捷克的经历回力镖一般给了他重重一击。《尊重》（*Respekt*）杂志的一名历史学出身的年轻记者在对“德佛哈塞克案”进行调查时，从国家安全局档案中挖掘出一份未曾公开的文件。德佛哈塞克当时是共产党政权的年轻反对派，被驱逐出境后又重返自己的国家。据称，在一九五〇年三月十四日，时年二十岁、怀揣作家梦想的昆德拉向警察举报了德佛哈塞克，导致后者被捕入狱并被判处二十二年监禁。半个多世纪之后，世界各地的媒体对此争相报道，一时间，昆德拉背上了告密者之名。

没有疑问：文件是真实的，而且昆德拉的名字准确无误地写在那里。但是以什么身份？出于何种原因？我不得要领。对此案颇感兴趣的中欧问题专家雅克·鲁普尼克向我表示：“历史学者的基础工作没有做好，在这份警方报告里只有一句话提到昆德拉的名字。这句话提到了一只可疑的箱子，但根本没有提到德佛哈塞克。如果只凭这句话，就不能称之为举报。”此外，国家安全局也不是不会犯错误。在他们那些和黄页电话号码簿一样厚的报告中舛误丛生，并且不乏张冠李戴之处。薇拉反复说："这篇令人作呕的文章毁坏了我们的健康。举报信应该有告密者签字，而这里并没有。"

指控来得如此猛烈，昆德拉不得不打破二十多年以来面对媒体严格保持的沉默。自一九八四年之后，他再也没有重看过《顿呼》的节目，再也没有打开过报纸去阅读与自己相关的内容，再也没有接受过采访也没有重走回头路。然而，在自己八十岁的时候，他决定作出回复："这完全出乎我的意料，我根本没有想到会有这种事情发生，直到昨天我还对这件无中生有的事情一无所知。"

德佛哈塞克事件十二年之后，二〇二〇年六月，扬·诺瓦克在布拉格发表了一份长达九百九十页的关于昆德拉过去的调查报告：《捷克时期的昆德拉》。他指控作家将自己的存在"神秘化"。扬·诺瓦克把昆德拉的生活和小说混为一谈，并且明显在与昆德拉有相似之处的《生活在别处》的主人公身上大做文章。该书作者称："雅罗米尔举报了一名'阶级敌人'，这一幕在我看来如此真实，因此我认为作家昆德拉比公民昆德拉更进了一步，情不自禁地把自己实施的告密行动描述了出来。”

突然之间，昆德拉的文学契约，尽管他从不愿意它是一种自传契约，被粉碎殆尽了。作家从来不想把个人生活写入作品，他只让虚构人物，即“著名的实验性自我”驻留其中。一九六八年，在一次罕见的法国电台采访中，他告诫所有试图在他的作品中找到他本人过往经历的人：“我不喜欢把小说变成历史文献。我讨厌这样的文学。”一九八〇年代，在法国社会科学高等研究院上课时，他还坦言，对他而言，索尔仁尼琴的写作不是文学，而是政治。

捷克事件并不简单，然而，在巴黎，昆德拉知识界的朋友贝尔纳–亨利·列维[1]、芬基尔克劳等人都纷纷站出来捍卫他。雅丝米娜·雷札[2]在《世界报》上写道：“在喧嚣的国度，沉默是一种冒犯。谁不同意暴露自己、在作品之外作出某种公众奉献，谁就会成为

---

① Bernard-Henri Lévy（1946— ），法国作家、哲学家。

② Yasmina Reza（1959— ），法国剧作家、小说家，剧本《“艺术”》《杀戮之神》为其带来世界声誉。

《不能承受的生命之轻》，上海，2003年8月

碍事的人和攻击的目标。”这场风暴过后，昆德拉夫妇彻底崩溃。薇拉二〇一九年在《主宾》上解释道：“这一次，我们意识到回归再也没有可能了。可是与此同时，我们产生了回家的想法。回到我们可以躲起来的地方……”

第十章

告别圆舞曲

在很长时间里，米兰·昆德拉修长的身影都徘徊在巴黎卢森堡公园那些王后贵妇、缪斯、诗人的雕像之间，《庆祝无意义》对此做过描述。随着日渐衰老，作家的生活从此集中在巴黎七区的小巷子周围，很少出游。房间的百叶窗垂落下来，室内的日常生活一丝也不会泄露。紧闭的玻璃窗也隔开了小花园里跑来跑去的孩子们的喧闹。夫妇俩自己没有孩子。勒图凯小城忽然变得“丑陋”，甚至连那边的房子也不能让薇拉·昆德拉从眼前这个被她称作“囚牢”的地方分神了。

二〇〇七年，《不能承受的生命之轻》的作者获得捷克国家文学奖。他没有前去布拉格领奖，而是录制了答谢词发过去。三年后，布尔诺市授予昆德拉“荣誉公民”称号，市长亲自来到夫妇俩在巴黎的公寓为他颁发证书。未来有一天，他们的藏书会逆向而行，被运回捷克共和国[①]。在此之前，是捷克人来拜访他们。

最亲近的朋友们也常来拜访：出版商安托万·伽里玛，在法国社会科学高等研究院上课时的助手克里斯蒂安·萨尔蒙和拉基斯·普罗吉迪斯，还有作家雅丝米娜·雷札和伯努瓦·迪特尔特。有时，小说家弗朗索瓦·塔朗迪埃[②]也会来问候他们，关于昆德拉他这样说道："他根据不同语言对'乡愁'一词的长篇解读、他把哲学问题融入人物命运的方式，所有这些都令我印象深刻。"

法兰西学院院士费尔南德斯指出："昆德拉没有弟子，只有崇拜者，这样更好。""拉丁美洲之家"的主席弗朗索瓦·维特拉尼也过来喝茶，一起回味当初米兰和薇拉刚到巴黎时忙得不可开交的那段日子。那时候，在一九八〇年代，墨西哥驻法国大使不是

---

① 昆德拉夫妇决定在身后将藏书捐赠给布尔诺市。

② François Taillandier（1955— ），法国小说家。

2019年在布拉格斯特拉霍夫修道院举办的展览

别人，正是他们的朋友、作家卡洛斯·富恩特斯，他经常邀请他们参加聚会，到场的嘉宾中有胡里奥·科塔萨尔和加西亚·马尔克斯……薇拉补充说："还有布努埃尔[1]。我们当时经常见面。甚至好几次我们都睡在了使馆。"那是诗酒放歌无忧无虑的岁月。

当我去捷克共和国时，听到有人言之凿凿地说作家和夫人经常戴着墨镜乔装打扮偷偷返回捷克。薇拉反驳道："简直胡说八道！"那天薇拉心情不好，回复我的短信签名"007特工"。薇拉明确告诉我，他们夫妇二人只在"天鹅绒革命"、哈维尔当选总统之后回去过五六次，进入二十一世纪以后再也没有回去过。

第一次回国是一九九〇年。在奥尔萨尼墓园瞻仰薇拉父亲的墓地之后，夫妻俩穿行布拉格返回霍夫迈斯特酒店。置身异乡的感觉让他们惊愕不已。薇拉说："市中心到处是为游客准备的捷克语–英语双语标牌。即使在苏联占领时期，西里尔文标牌也是不允

---

① Luis Buñuel（1900—1983），西班牙国宝级电影导演、编剧、制片人，1928年执导《一条安达鲁狗》开启导演生涯，多次获得国际奖项。

许的。我依然认得出曾经喜爱的那些地方，但是有些东西改变了。我不禁自问是否身在故乡。”

一九七〇年代末，他们刚来到法国时已经体验过这种置身异乡无可归依的感觉。与巴黎的捷克人相处，事情可不那么简单。薇拉在回答《主宾》杂志采访时说：“当然，我们与几个流亡的朋友有来往，比如汤达·利姆、彼得·金或者米洛斯·福尔曼，但是差不多就这几位了。其他人不喜欢我们，我们也不喜欢他们。一九八〇年代，我参加了一次抗议捷克总统古斯塔夫·胡萨克的示威活动，但是，在大使馆门前，我遇到的第一个同胞就语含嘲讽扔给我一句话：‘昆德拉先生今天是感冒了才没来吗？’我转身就回了家，并对自己说：‘再也不会有第二次了。’”

他们不再完全是捷克人，也不完全是法国人。但是他们还有欧洲，只是这颗星星日趋黯淡。昆德拉曾经颂扬欧洲，如今他和欧洲一起在衰落。他很早就预见到欧洲的衰落。一九八六年，在《小说的艺术》中，他已经给出了自己对“欧洲人”的定义：“怀念欧洲的人。”欧洲不再让这对夫妇欢欣。

他们对欧洲的最近一次沉迷是在二〇一五年，在那个夏天，希腊爆发了经济危机。他们的朋友克里斯蒂安·萨尔蒙从雅典回来。在雅典办公室，他曾与一个亲左翼激进联盟党的广播电台台长见面。台长懊恼地说："在雅典，我们为启蒙思想家竖立了雕像，因为正是他们启发我们去建立一个独立的国家，现如今，欧洲却变成了我们的敌人。"回到巴黎后，萨尔蒙去看望昆德拉，告诉他说，这名希腊人如此强烈的绝望令他想起昆德拉一九八三年在《辩论》杂志发表的那篇著名文章[①]中提到的匈牙利新闻通讯社社长。一九五六年秋天，在苏联炮火即将把他在布达佩斯的办公室夷为平地的几分钟之前，这位社长向全世界发出了一份绝望的电讯，他这样写道："我们将为匈牙利和欧洲而死。"昆德拉夫妇一直对亚尼斯·瓦鲁法基斯[②]的主张赞赏有加，他们被这两段历史

---

① 即《一个被劫持的西方或中欧的悲剧》。

② Yánis Varoufákis（1961— ），希腊经济学家、政治家、博弈论专家。2015年曾出任希腊财政部部长。

的相似性震惊到了。

昆德拉曾写道："人走出儿童时代时，不知青年时代是什么样子，结婚时不知结了婚是什么样子，甚至步入老年时，也还不知道往哪里走……从这个意义上说，人的大地是缺乏经验的世界。"欧洲正如幻影一般，在他们眼前消融，没有任何地方让他们感到自在如归。一九八一年，在被授予法国国籍时，昆德拉说："法国成为了我的书籍的祖国，我追随了我的书籍所走的道路。"在接受《纽约时报》采访时，他甚至在思考"故乡的概念会不会最终只是一个神话"。此后，民族主义回潮遍及世界各地。夫妇二人对捷克新总统的言论并非无动于衷，并且薇拉也不喜欢人们对弗拉基米尔·普京和俄罗斯的过度批评。"任何事情都不是人们想象的那样非黑即白。一切都是灰色的"。

芬基尔克劳愿意相信"昆德拉和斯特拉文斯基一样，从来都不赞成消极的流亡。对他来说，流亡是一次机遇，但这却加大了与自己同胞的距离。现如今，他和薇拉都已经人到暮年，思乡之情愈见浓厚。这种情愫最近才出现，并且饶有意味。这也正是他们接受恢复捷克国籍的原因。”

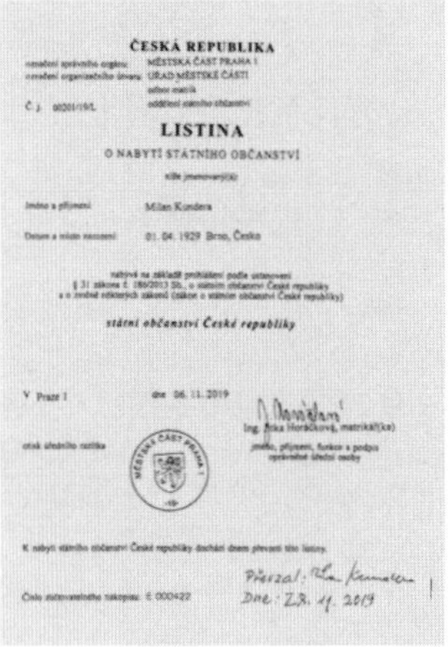

ČESKÁ REPUBLIKA

MĚSTSKÁ ČÁST PRAHA 1

ÚŘAD MĚSTSKÉ ČÁSTI

LISTINA

O NABYTÍ STÁTNÍHO OBČANSTVÍ

Milan Kundera

01. 04. 1929 Brno, Česko

státní občanství České republiky

V Praze 1 dne 06. 11. 2019

昆德拉的捷克国籍证明

二〇一九年十一月二十八日，在他们的寓所举行了一个奇特的仪式。作家“收回”了被共产党政权剥夺的捷克国籍。与薇拉不同，自一九七九年即被剥夺国籍的米兰·昆德拉从此拥有了双重国籍。这一事件仍然没有见证人，时任捷克驻法大使的外交官彼得·德鲁拉克告诉我：“过程非常简单，他接过证件，对我说谢谢，接着我们一起用了午餐。”

几年前，昆德拉夫妇曾经考虑回到波希米亚安度晚年。但是那些恶意文章以及最新出版的那本《捷克时期的昆德拉》让他们打消了念头。他们留在了巴黎，这里成为他们终老余生的城市，然而——委婉说来——巴黎也不再让薇拉那样欢欣：噪音太大，到处施工，天天罢工游行，还有黄马甲……可是，除了巴黎还有其他选择吗？薇拉在《主宾》上承认了这一点："意识到我要死在巴黎，这让我感觉很可怕。我多么希望能像歌德那样离世，在自己的花园里看着大树合上双眼。第一代移民仿佛天涯游子，漂泊无根。他们失去了真正的家，而新的国家又永远不是自己的归处。"

他们的朋友们在努力去理解。雅克·鲁普尼克无可奈何地叹息道："他写的那本《无知》通篇都在讲述回归是不可能的，并且这本书还是用法语写的。"菲利普·索莱尔斯在丁香园酒吧对我解释说："从一个小语种国家来到一个大语种大国家，这是让人很紧张的。"为了解释他们的窘境，皮埃尔·诺拉回顾了他们的一生经历："一个需要被倾听的作家却无法用母语发表作品，这也许是世上最糟糕的事情。当年，昆德拉本人还没到法国的时候，在捷克他就已经不存在了，他知道捷克人曾经抛弃了他，诺贝尔奖忘记了他，后来，曾经对他赞誉有加的法国也与他渐行渐远……"

我也试图探索这场命运悲剧。试图探索最终能够见到米兰·昆德拉的机会，虽然心里不抱太大希望。我曾经到处追寻他的影子，在布尔诺、在布拉格、在雷恩的“地平线”塔楼脚下、在巴黎利特雷街的尽头。由于在他周边徘徊得太久，他于是变成了一尊雕塑，即便是在梦中，我也不再期盼能够有所接近。

“我们的生活真让您费心啦！”二〇一九年底，我还在《世界报》上发文讲述薇拉的经历时，她给我发来了短信。一个星期五，她终于打来电话。和每次一样，她许诺明天或后天我们一起喝一杯，短信结尾加上了开心碰杯的表情符号。就在我们通话的时候，米兰接过了电话。我第一次听到他舒缓的声音，和三十年前在《顿呼》节目里一样。他温和地向我问候一些话，宛如一首感伤的歌，这时，他的夫人迅速拿开了他的话筒。

今天，昆德拉夫妇在精神世界里身处布尔诺、摩拉维亚。夜幕降临，薇拉梦想着自己躺在维德拉河边的岩石上，置身波希米亚南部舒马瓦国家公园的森林里，她或是穿着溜冰鞋在冰上滑行，或是在伏尔塔瓦河中戏水畅游。捷克二十世纪初的诗人维克多·迪克[1]的一首诗令她魂牵梦萦难以成眠，“祖国”在向她叙说：“如果你离我而去，我会安然无恙。如果你离我而去，你将终老他乡。”

---

① Viktor Dyk（1887—1931），捷克散文家、诗人。

致　谢

感谢我所任职的《世界报》，尤其是社长热罗姆·福诺格里奥和菲利普·布鲁萨尔，是他们促成我飞往布拉格去寻找米兰·昆德拉。

我要感谢所有接受我就《玩笑》的作者进行访谈的人，特别感谢布拉格法国学校的吕克·莱维所提供的帮助和宝贵的研究资料，同时也特别感谢对昆德拉作品了如指掌的克里斯蒂安·萨尔蒙的一片耐心。感谢爱丽丝·穆特斯皮尔花费大量时间翻译了很多档案资料和文章，其中包括薇拉·昆德拉两次接受《主宾》杂志的采访，一次是一九九一年在布拉格接受玛丽·沃迪奇科娃的采访，另一次是二〇一九年在巴黎接受米罗斯拉夫·巴拉什蒂克的采访。

感谢薇拉·昆德拉，她不仅从未彻底把我拒之门外，还用如此诗意隽永的短信让我时时欢欣。

最后，向米兰·昆德拉致以最崇高的敬意，他是我二十岁的时候最喜欢的作者，虽然未能见到他本人，但他在整篇叙述中却无处不在，并且在这场亦真亦幻的捉迷藏游戏结束之时，我最终听到了他的声音。

《寻找米兰·昆德拉》成书前曾在《世界报》上连载
作者和出版者特此鸣谢《世界报》

Ariane Chemin
A LA RECHERCHE DE MILAN KUNDERA

图字：09－2022－0057号

图书在版编目（CIP）数据

寻找米兰·昆德拉 /（法）阿丽亚娜·舍曼著；王东亮译. — 上海：上海译文出版社，2022.2（2023.8重印）
ISBN 978－7－5327－9001－2

Ⅰ. ①寻… Ⅱ. ①阿… ②王… Ⅲ. ①昆德拉（Kundera, Milan 1929－）－生平事迹 Ⅳ. ①K835.655.6

中国版本图书馆CIP数据核字（2022）第019434号

寻找米兰·昆德拉
A la recherche de
Milan Kundera

ARIANE CHEMIN
阿丽亚娜·舍曼　著
王东亮　译

出版统筹　赵武平
责任编辑　李月敏
装帧设计　董茹嘉

上海译文出版社有限公司出版、发行
网址：www.yiwen.com.cn
201101　上海市闵行区号景路159弄B座
苏州市越洋印刷有限公司印刷

开本 890×1240　1/32　印张 5　插页 2　字数 42,000
2022年4月第1版　2023年8月第3次印刷

ISBN　978－7－5327－9001－2/I·5593
定价．55.00元